Roswitha Defersdorf

Frischer Wind für die Partnerschaft

HERDER spektrum

Band 6039

Das Buch

Schwierigkeiten in der Partnerschaft entstehen oft dadurch, dass die Partner nicht mehr die richtigen Worte finden, ihren Wunsch nach Nähe und nach eigener Persönlichkeitsentwicklung angemessen auszudrücken. Eine wohlwollende und klare Kommunikation ist Grundlage für eine dauerhaft gelingende Partnerschaft. Dabei sind die Inhalte ebenso bedeutsam wie die Wortwahl und der Satzbau. Sie transportieren jeweils eine eigene Botschaft. Die Kommunikation ist dann erfolgreich, wenn Struktur und Inhalt sich entsprechen.
Gezielte Änderungen der gewohnten Ausdrucksweise haben eine nachhaltige und positive Wirkung auf den Sprecher selbst und auch auf sein Umfeld. Schon wenn jemand bei sich selbst etwas wandelt, wird dies eine entsprechende Wirkung auf die Partnerschaft haben.
Roswitha Defersdorf beschreibt an vielen Beispielen, wie wohltuend die richtigen Worte sind. Mit Sprache gestalten wir unsere Wirklichkeit, so die Überzeugung der Autorin.
Ein Ratgeber mit vielen Aha-Effekten – und vielen hilfreichen Tipps.

Die Autorin

Roswitha Defersdorf (Diplom Philologin, geb. 1952) gründete 1999 in Erlangen das LINGVA ETERNA Institut für Pädagogik und Bewusste Sprache und leitet es seitdem. Sie entwickelte Mitte der neunziger Jahre das gleichnamige Konzept und bietet im deutschsprachigen Raum Seminare, Vorträge und eine Dozenten-Ausbildung an. Sie ist Mutter von zwei erwachsenen Kindern, einer Tochter und einem Sohn.

Zahlreiche Publikationen, davon erschienen bei Herder: In der Sprache liegt die Kraft. Klar reden, besser leben; Deutlich reden, wirksam handeln. Kindern zeigen, wie leben geht; Drück mich mal ganz fest. Geschichte und Therapie eines wahrnehmungsgestörten Kindes; Ach, so geht das! Wie Eltern Lernstörungen begegnen können.

Roswitha Defersdorf

Frischer Wind für die Partnerschaft

Besser miteinander reden

HERDER

FREIBURG · BASEL · WIEN

Neuausgabe 2009

www.herder.de

Umschlagkonzeption und -gestaltung:
R·M·E Eschlbeck/Botzenhardt/Kreuzer
Umschlagmotiv: © Getty Images/KAZUTOMO KAWAI

Layoutkonzept: tiff.any GmbH, Berlin
Satz: tiff.any GmbH, Berlin
Herstellung: fgb · freiburger graphische betriebe
www.fgb.de

Gedruckt auf umweltfreundlichem, chlorfrei gebleichtem Papier
Printed in Germany

ISBN 978-3-451-06039-7

Inhalt

Vorwort

Ich danke dem Verlag Herder, dass er sich entschlossen hat, nach fünf unveränderten Auflagen nun eine überarbeitete Neuausgabe dieses Buches herauszugeben.

Seit 2003, dem ersten Erscheinungsjahr dieses Buches, haben wir das zugrunde liegende Konzept wesentlich weiterentwickelt. 2003 lernte ich Dr. Theodor von Stockert kennen. Er ist Arzt und Neuropsychologe und hat sich lange mit Neurolinguistik und Transaktionsanalyse befasst. Wir betrachten das Konzept aus zwei unterschiedlichen fachlichen Blickwinkeln und entwickeln es seitdem gemeinsam weiter.

Dies zeigt sich schon an seiner geänderten Bezeichnung. Statt der früheren Bezeichnung Energetisches Sprachtraining sprechen wir heute von LINGVA ETERNA®.

Es ist nun ein umfangreiches Konzept geworden, für das die neue Bezeichnung LINGVA ETERNA®, die ewige Sprache, angemessen erscheint. Mit der geänderten Bezeichnung wird deutlich, in welchem Maß sich unsere Sprache auf unser Leben auswirkt.

Im Text habe ich zahlreiche sprachliche Änderungen vorgenommen. Sie entsprechen unseren neuen Erkenntnissen. Die Beispiele und der Inhalt im Ganzen sind gleich geblieben.

Die in dem Buch dargestellten Beispiele sind alle aus dem privaten Bereich. Die gleichen Prinzipien und Empfehlungen gelten ebenso im beruflichen Bereich. Ich lade den Leser ein, die Beispiele analog auf die für ihn relevanten Bereiche zu übertragen.

Bei den Beispielen aus dem privaten Bereich habe ich nur Partnerschaften von Mann und Frau ausgewählt. Freilich gelten die genannten Anregungen auch für Partnerschaften im weiteren familiären und privaten Umfeld.

Die wörtliche Bedeutung des Wortes ›Partner‹ weist darauf hin, dass die jeweilige Person ein Part, also Teil eines ganzen Systems ist. Wenn jemand bei sich etwas wandelt, dann hat dies stets Auswirkungen auf das System, in dem er lebt.

In diesem Sinne wünsche ich meiner damit erweiterten Leserschaft viel Freude beim Lesen und manche Bereicherung für ihr Leben!

Achte auf deine Gedanken,
denn sie werden Worte.
Achte auf deine Worte,
denn sie werden Handlungen.
Achte auf deine Handlungen,
denn sie werden Gewohnheiten.
Achte auf deine Gewohnheiten,
denn sie werden dein Charakter.
Achte auf deinen Charakter,
denn er wird dein Schicksal.

aus dem Talmud

Einleitung

Wir leben in einer Zeit, in der Kommunikation und eine gute Vernetzung von außerordentlich großer Bedeutung sind. Unser Alltag ist geprägt von elektronischer Datenvermittlung. Dank einer hoch entwickelten Technik können wir große Mengen an Daten in Sekunden über den ganzen Erdball senden und empfangen. Darin liegen wunderbare Chancen: Wir können leicht miteinander in Kontakt bleiben, auch wenn wir räumlich weit auseinander sind. Und wir können Informationen mit einer Geschwindigkeit austauschen, von der wir früher nicht einmal geträumt haben.

Diese Fülle an Möglichkeiten darf uns jedoch nicht davon abhalten, uns mit unserem Nächsten auszutauschen. Es ist ein gängiges Bild geworden, dass mehrere Menschen nebeneinander im gleichen Café sitzen oder an der gleichen Haltestelle stehen und jeder mit seinem Handy beschäftigt ist. Der eine tippt eine SMS ein, und der andere spricht mit einem Menschen, der nicht vor Ort ist. Die Menschen, die zusammen stehen oder sitzen, sprechen jedoch nicht miteinander.

So geht gerade jetzt, wo die Kommunikation so schnell und global wie nie zuvor geworden ist, mitten im Alltag die Fähigkeit verloren, miteinander zu kommunizieren. Partnerschaften leben von dem Miteinander-Teilen, dem Einander-Mitteilen. Das ist die wörtliche Bedeutung von Kommunikation. Das Wort ›Kommunikation‹ leitet sich von dem lateinischen ›communis‹, ›gemeinsam‹, ab.

Der Austausch reduziert sich bei immer mehr Partnerschaften und Familien auf die Organisation des Alltags mit den dafür erforderlichen Absprachen und danach auf das gemeinsame Fernsehen. In etlichen Familien hat jedes Kind bereits einen eigenen Fernseher. Dann gibt es keinen Streit, und jeder kann das Programm sehen, das ihn anspricht. Gleichzeitig liegt die Kommunikation im Argen. Aus dem Miteinander wird auf diese Weise ein Nebeneinander.

Das bewegt mich und nicht nur mich. Vielen Kindern fehlt als Folge davon der Rückhalt eines intakten Elternhauses. Die Kinder fühlen sich mit ihren Wünschen, Träumen und Nöten allein gelassen. Sie lernen es zu wenig oder gar nicht, verbal Konflikte auszutragen und in Liebe wieder zusammenzufinden. Stattdessen gehen sie weg, oder ihre Eltern schicken sie weg. Das werden sie dann auch später als Erwachsene so machen. So zerbrechen Partnerschaften. Es ist an der Zeit, Kommunikation bewusst wieder zu erlernen.

In den Jahren nach dem Erscheinen meiner ersten beiden Bücher gab ich bei meinen Vorträgen und Seminaren zum Themenbereich Lernen in erster Linie Anregungen für Kinder und Jugendliche weiter. Mehr und mehr erkannte ich bei der Begleitung von Eltern, Pädagogen, Therapeuten und Ausbildern, dass diese meine Anregungen nur dann gut umsetzen können, wenn die Kommunikation zwischen den Erwachsenen und den Kindern und Jugendlichen eindeutig ist. Ich erkannte auch, dass bei bestehenden Verhaltens- und Lernschwierigkeiten der Kinder hier bei den Erwachsenen immer Bedarf und fast immer auch Bereitschaft besteht. Sobald den Erwachsenen die Kommunikation gelingt, wird ihnen das Lehren und den Kindern das Lernen erst wirklich möglich.

In dem Maß, wie meine eigenen Kinder erwachsen geworden sind, sehe ich immer deutlicher, dass die Anleitung der Eltern und Bezugspersonen ein zentraler Schlüssel für die Begleitung der Kinder ist.

Das Leben brachte mich mit zahlreichen Aspekten von Kommunikation und Kommunikationsstörung in Berührung. Ebenso führte es mich zu zahlreichen Methoden, die hierfür jeweils Hilfe und Erleichterung brachten. Besonders prägend waren nach meinem Sprachstudium Weiterbildungen in sensorischer Integration, Mentaltraining, Kinesiologie, Kommunikationstraining und Feldenkrais. Ich lernte mit meinen Kindern in dieser Zeit, welch elementare Bedeutung die Entwicklung der Sinne für die Entwicklung der Sprache und nachfolgend für eine gelingende Kommunikation auch im Erwachsenenleben hat. Eine befreundete Sprachheillehrerin zeigte mir für mich völlig neue Zusammenhänge auf. Sie lehrte mich Sprache und ihre Entwicklung neu zu sehen und den Kindern zu geben, was sie für eine gesunde Entwicklung brauchten.

Drei Jahre später durfte ich den nächsten großen Schritt gehen. Der Auslöser dafür war die bedeutsame und wegweisende Bemerkung einer Ärztin. Ich begleitete damals meinen früh erkrankten Mann zu ihr für eine Untersuchung. Sie wechselte einige Worte auch mit mir und schaute mich dann freundlich und gleichzeitig ernst an. Sie sagte mir: »So wie Sie reden, denken Sie falsch. Lernen Sie neu zu denken. So können Sie Ihr Pakt nicht tragen.« Das war die Geburtsstunde von LINGVA ETERNA®.

Ich sehe es als meine Lebensaufgabe an, Menschen für die Kraft der Sprache sensibel zu machen und ihnen einen Weg zu weisen in eine eindeutige, zielorientierte und wohlwollende Kommunikation, bei der Gefühle und Gedanken in Einklang sind. Es ist eine Wohltat, wenn der Kopf wieder mitfühlen und das Herz mitdenken kann. Missverständnisse und Reibereien hören auf. An ihre Stelle treten klärende Gespräche und ein achtsames Miteinander. Die liebevollen Gefühle können wieder frei fließen. So blühen Partnerschaften auf.

Es ist ganz einfach. Sie brauchen keinerlei Voraussetzungen außer der Bereitschaft, ehrlich hinzuschauen und wirklich an den Ursachen ansetzen zu wollen. Sie brauchen auch niemanden ändern zu wollen. Es genügt, wenn Sie sich selbst bewegen und bei sich beginnen. Sie werden angenehm berührt sein, wie leicht Sie damit in Ihrem Leben etwas wandeln können. Fangen Sie einfach an!

Die in diesem Buch beschriebenen Geschichten sind Beispiele aus meiner Beratungstätigkeit und aus meinen Seminaren. Die Namen der Teilnehmer und manche Einzelheiten habe ich geändert. Im Übrigen sind es wahre Geschichten.

Aus den gleichen Seminaren sind die beiden Kartensätze »Die Kraft der Sprache, 80 Karten für den täglichen Sprachgebrauch« und »Sprachkarten – Denkmuster aktiv wandeln, für Kinder und Erwachsene« hervorgegangen. Seitdem sind mehrere Spezialkartensätze für einzelne Zielgruppen entstanden.

Roswitha Defersdorf

1 Die Kunst des Loslassens lernen

Angelika hofft auf einen neuen Impuls

Angelika war etwas über 60, als sie das erste Mal zu mir kam. Sie lebte mit ihrem Mann zusammen. Das gemeinsame Kind war bereits aus dem Haus.

Sie hatte in ihrem Leben schon viel in Ordnung gebracht und für ihre persönliche Entwicklung getan. Ich durfte sie drei Monate mit Seminaren und persönlichen Gesprächen begleiten.

Seit dreißig Jahren hatte sie ihren Mann immer wieder gebeten, sie zu diesem oder jenem Seminar oder Vortrag zu begleiten. Sie glaubte, dass ihm das auch gut tun würde. Er wollte aber nie mitkommen. Sie hatte es mit Einladen und direktem Auffordern probiert, auch einmal mit einem Geschenkgutschein. Sie war und blieb erfolglos. Auf diesem Ohr hörte ihr Mann nicht. Und das, obwohl er gesundheitliche Schwierigkeiten hatte und daher aus ihrer Sicht allen Grund, etwas für seine persönliche Entwicklung zu tun. Angelika ärgerte sich, da sie seine häufigen Erkältungen, die schuppige, fleckige Haut und sein damit zusammenhängendes körperliches Unwohlsein mit aushalten musste. So gab es immer wieder Spannungen zwischen den beiden. Sie waren nun so stark, dass sie sich ernsthaft Gedanken machte, ob sie noch mit ihrem Mann zusammenleben wollte oder nicht.

Sie hatte von LINGVA ETERNA® gehört, und ihr leuchtete der Ansatz ein. Sie hoffte, dass sie vor allem in Hinblick auf das Zusammenleben mit ihrem Mann einen hilfreichen Impuls bekommen würde.

Sich ins Leben einschwingen

Angelika wirkte wie eine Lady. Sie kleidete sich elegant, hatte eine anmutige, schlanke Figur und strahlte in allem etwas ganz Feines aus.

Sie war zaghaft und beinahe zerbrechlich. Sie sprach leise. Es war fast so, als ob sie einen Kloß im Hals hätte. Dabei wirkte sie etwas in sich zusammengesunken. Während sie redete, bewegten sich ihre Hände ziellos hin und her. Es forderte erhöhte Aufmerksamkeit, ihr zu folgen und innerlich dabei zu bleiben.

Sie wirkte unsicher und scheu. »Ich habe vielerlei Probleme, und das größte Problem ist eigentlich schon lange das Zusammenleben mit meinem Mann. Irgendwie haben wir andauernd Spannungen, ich renne und tue, aber er bleibt in seiner Entwicklung stehen. Er will einfach nicht sehen, dass er die Ursache vieler Konflikte ist. Das macht mich ärgerlich. Mit der Zeit wird man müde, wenn man das jahrelang hat. Es muss sich einfach etwas ändern!«

Dann schwieg sie. Gleichzeitig senkte sie ihren Blick auf den Boden und kippte beide Füße unter den Stuhl. Das Edle, was sie auf den ersten Blick ausstrahlte und auch in sich trug, schien welk und kraftlos. Ich konnte mir gut vorstellen, dass ihr Mann glaubte, dass sie Hilfe brauchte und nicht er. Und das nach so vielen verschiedenartigen Seminaren, die sie besucht hatte. Wieso sollte er da mitkommen?

Ich sah sie an und sagte: »Ich kann gut mit Ihnen mitfühlen. Sie haben lange probiert, ihren Mann in Bewegung zu bringen. Jetzt sind Sie müde. Sie haben dabei eines nicht bedacht: Er hat das Recht, innerlich stehen zu bleiben. Wir Menschen haben einen freien Willen mitbekommen, auch Ihr Mann. Lösen Sie sich von dem Gedanken, dass er sich auf den Weg machen wird. Dann erst wird er frei, sich auf den Weg zu machen. Erwarten

Sie es nicht! Das mag ein wenig kompliziert oder widersinnig klingen. Es ist jedoch die Wahrheit.«

Angelika nickte: »Ich weiß das schon lange. Der Kopf weiß das alles. Das Umsetzen ist schwer.«

Ich sagte weiter: »Wenn Sie als Vorbild voran gehen und Ihre eigenen Bedenken hinter sich lassen, dann machen Sie es ihm leicht. Und das tun Sie ja schon. Nur schauen Sie bis jetzt noch, ob er mitkommt. Lassen Sie ihn bitte seinen Weg gehen. Das, was für Sie gut ist, muss nicht auch für ihn gut sein. Er hat sein eigenes Tempo.

Gehen Sie einfach Ihren Weg in Ihrem Tempo. Schwingen Sie sich freudig ein auf das Leben und sagen Sie Ja zu seinem Auf und Ab und zu seiner ewig währenden Wandlung. Dann wird Ihnen die Lebensfreude aus den Augen lachen, und Sie werden Selbstbewusstsein und Lebensfreude aus jeder Pore ausstrahlen. Das ist das beste Argument für einen Seminarbesuch und für das Wagnis, sich auf das Leben in seiner ganzen Lebendigkeit und Fülle einzulassen! Wir werden sehen, was dann geschehen wird!«

Was ist LINGVA ETERNA®?

LINGVA ETERNA® ist ein Sprachtraining. Es lenkt die Aufmerksamkeit auf den individuellen und auf den allgemein üblichen Sprachgebrauch und macht sensibel für die Wirkungsweise von einzelnen Wörtern, Redewendungen und von Satzbau. Dabei bietet es jeweils sprachliche Alternativen an. Mit diesem Konzept können Menschen eigene sprachliche Muster erkennen und wandeln. Ich habe dieses Konzept Mitte der neunziger Jahre ausgehend von meinem Studium der Sprachwissenschaften, gezielten Weiterbildungen und großen Herausforderungen in meinem Leben entwickelt.

Mit der gewohnten Ausdrucksweise erhalten Menschen oft alte Denk- und Verhaltensmuster aufrecht. Durch eine gezielte Änderung der Wortwahl oder des Satzbaus erreichen sie eine ungeahnte Wirkung auf ihr Denken, Sprechen und Handeln und eröffnen sich so neue Handlungsspielräume.

Im täglichen Gebrauch der Sprache sind uns die Inhalte unserer Äußerungen in deutlich höherem Maße bewusst als ihre formale Struktur. Dabei transportiert die Struktur eine eigene Botschaft und hat damit auch eine eigene Wirkung. Wir können leicht eine Erzählung wiederholen und werden dabei den Inhalt möglichst genau wiedergeben. Dabei wissen wir nicht, wie der Satzbau der ursprünglichen Erzählung war und welche Wörter wir genau gebraucht haben. Dies ist meist niemandem bewusst.

Der individuelle Wortschatz ist von großer Bedeutung. Jedes Wort hat eine Wirkung auf den Gesprächspartner und auf den Sprecher selbst. Es wirkt immer, auch wenn der Sprecher dies nicht so will und etwas anderes meint. Ein ›Vorschlag‹ ist immer auch ein ›Schlag‹ und ein ›Einfall‹ ein ›Fall‹. Wie viel freundlicher sind eine ›Anregung‹ und eine ›Idee‹.

Ähnliches gilt für den Satzbau. Die sprachliche Struktur eines Satzes oder einer Darstellung transportiert eine eigene Botschaft. Sie sagt etwas von dem Sprecher, und sie hat eine Wirkung auf ihn selbst und auch auf sein Umfeld. Bei LINGVA ETERNA® interessieren wir uns für diese sprachliche Struktur. Die Wörter, die jemand gebraucht, entsprechen den Bausteinen seines Lebens. Und sei individueller Satzbau entspricht dem Bauplan seines Lebens. Mit ihnen zeigt er sich, und mit ihnen gestaltet er sein Leben immerfort neu.

Es lohnt sich, hinzuschauen und hinzulauschen! Dann wird es möglich, die eigene Sprache und den eigenen Sprachgebrauch völlig neu zu erfahren. Mit gezielten, scheinbar minimalen Änderungen des gewohnten Sprachgebrauchs kann es gelingen, dem eigenen Leben eine wohltuende Wende zu geben.

Die individuelle Ausdrucksweise eines Menschen steht in direktem Zusammenhang mit tiefen Prägungen und mit seiner Lebensgeschichte. Mit jedem Wort sind individuelle Erinnerungen und Gefühle gespeichert. Diese schwingen bei allen Äußerungen mit und können die ursprünglich beabsichtigte Botschaft verändern und belasten.

Mit steigendem Bewusstsein für die Sprache und ihre Wirkungsweise gestalten Menschen ihre Kommunikation klar, eindeutig und wohlwollend. Herz und Verstand sprechen die gleiche Sprache. So gelingt die tägliche Kommunikation leicht. Und indem sie bewusst genauso denken, sprechen und handeln, wie sie es tun, gestalten sie gleichzeitig ihr Leben. Dabei können sie gezielt die eine oder andere Formulierung neu wählen und die Wirkung beobachten.

In der Sprache liegt ein ungeahnter Schatz, der nur darauf wartet, von uns gehoben zu werden. Es liegt an uns, achtsam mit diesem Schatz umzugehen. Der biblische Satz ›Im Anfang war das Wort.‹ stimmt.

Die Geschichte von den drei Gottheiten

Es sitzen drei Gottheiten zusammen. Sie beraten gemeinsam, wo sie am besten die Kraft verbergen können, mit der sie die Erde geschaffen haben. Sie wollen sicher gehen, dass niemand sie findet, der damit Schaden anrichten kann. Der eine Gott will diese Kraft auf dem höchsten Gipfel der Erde in Sicherheit bringen. Doch die anderen Gottheiten sagen, dass der Mensch irgendwann da hinaufkommen und dann völlig unvorbereitet die große Kraft in den Händen halten wird. Die nächste Gottheit will diese Kraft in den tiefsten Grund des Meeres legen. Doch auch hier sehen sie die Gefahr, dass der Mensch eines Tages unvorbereitet vor dieser immensen Kraft stehen und mit ihr Schaden anrichten wird. Nach langem Schweigen meint die dritte Gottheit, dass sie diese Kraft am besten in das Innerste des Menschen legen. Da sucht zunächst kein Mensch. Alle suchen erst im Außen. Wenn ein Mensch anfängt, nach innen zu blicken, dann darf er diese Kraft finden. Denn dann wird er damit keinen Schaden mehr anrichten. Und so taten sie es.

Diese große Kraft ist die Sprache des Herzens. Sie ist jedem Menschen mitgegeben. Das Johannes-Evangelium beginnt mit dem Satz: »Im Anfang war das Wort.« Auch im Talmud der Juden steht es so, und die Indianer sprechen von der Heiligen Sprache. Mit der Sprache haben wir ein mächtiges Schöpfungswerkzeug in der Hand. Es ist an der Zeit, dass wir uns die Kraft und Wirkung der Sprache bewusst machen und sie achtsam und behutsam zu unserem eigenen Wohl und zum Wohl unserer Erde einsetzen.

Der bewusste Umgang mit der Sprache hat natürlich auch einen Einfluss auf die Gestaltung unserer Partnerschaften. Sobald wir anfangen, diese Kraft zu erkennen und zu achten, haben wir mehr Möglichkeiten und damit natürlich auch mehr Verantwortung als zu den Zeiten, als wir davon nichts wussten.

Wörter sind »Bestellkarten« ans Universum

Sprache ist Schwingung pur. Die ganze Schöpfung ist Schwingung in unterschiedlicher Konsistenz. Wenn das Wort am Anfang der Schöpfung steht, dann ist jedes Wort gleichsam eine Bestellkarte ans Universum. Kein Wort, das wir sagen, kommt leer wieder. Jedes Wort hat eine Wirkung und schafft Wirklichkeit. Mein Wortschatz und mein Satzbau sowie die Themen, von denen ich spreche, haben eine direkte Auswirkung auf mein Leben. Und das gilt für jeden Menschen. Wenn ich in meinem Leben etwas ändern will, dann darf ich mich an dieses grandiose Schöpfungswerkzeug Sprache erinnern und lernen, damit gut umzugehen.

Wenn wir nun damit beginnen, gezielt einige wenige Wörter aus unserer Sprache zu beleuchten und unsere Ausdrucksweise zu ändern, dann ändert sich in der Folge etwas in unserem Leben. Unsere Schwingung ändert sich mit unserer Sprache. Damit haben wir eine neue Wirkung und schaffen uns mit der Zeit eine neue Wirklichkeit.

Oberflächlich betrachtet sieht es so aus, als ob wir dann »nur« Wörter weglassen oder austauschen würden. Die Wirkung geht in Wahrheit wesentlich tiefer. Sie wirkt an der Wurzel allen Tuns, nämlich am Denken und Sprechen. Das erklärt die kraftvolle Wirkung von LINGVA ETERNA®. Dieses Konzept ist radikal. ›Radikal‹ kommt aus dem Lateinischen und heißt ›an der Wurzel ansetzend‹.

Missverständnisse

Missverständnisse sind nur scheinbar Missverständnisse. Es ist oft ein Verstehen auf einer anderen Ebene. Wenn die verschiedenen Ebenen nicht in Deckung sind, dann fängt der

Angesprochene leicht eine mitschwingende, weitere Botschaft auf. Dies ist dann weder dem Sprecher noch seinem Gesprächspartner bewusst. Dann verstehen sie sich miss und beide wissen nicht, worin die Ursache ihres so genannten Missverständnisses liegt.

Bei der Kommunikation werden nur ca. sieben Prozent der Information über die Wörter transportiert und der Hauptteil über Gestik, Mimik, Stimmlage und die Wortwahl. Die unterschiedlichen Ebenen der Kommunikation klaffen oft auseinander oder sind sogar widersprüchlich.

Sobald sich ein Mensch seiner Sprache bewusst wird, kann er diese verschiedenen Ebenen erkennen und in Deckung bringen. Das ist ein wesentlicher Lernschritt bei LINGVA ETERNA®. So bündelt er seine Kräfte. Als Folge davon steigen seine Schaffenskraft und sein Selbstwertgefühl erheblich. Mit bewusst gewählten neuen Formulierungen wandeln sich der Wortschatz und damit auch das Denken. Die Auswirkungen betreffen ebenso die Mimik, die Gestik, die Körperhaltung und die Stimmlage. Mit jedem einzelnen Wort ist ganz individuell eine bestimmte Gestik und Mimik gespeichert. Mit dem Wandeln der gewohnten Ausdrucksweise und der inneren Bereitschaft, die Kraft der Sprache wirken zu lassen, setzt ihre heilsame Wirkung ein. Damit ändert sich von selbst die Körpersprache, und ein allgemeines Wohlbefinden macht sich breit.

Wörter bringen etwas in Schwung

Ich lud Angelika ein, einige Wörter als wirksame Schwingung zu erleben. »Machen Sie es sich bitte bequem und schließen Sie Ihre Augen. Legen Sie eine Hand auf den Bauch. So ist es leicht, die Wirkung der einzelnen Wörter zu fühlen und sie nicht zu denken. Ich werde gleich einige Wörter langsam sagen. Achten Sie auf Ihre Gefühle und die Bilder, die in Ihnen aufsteigen werden. Nehmen Sie wahr, ob sie Ihr körperliches Befinden beeinflussen. Ich beginne: »Quellwasser – Sandstrand – Hochzeit – Hoch-Zeit – achtsam – Apfelbaum – Freiheit – Flötenspiel – Verpflichtung – Beziehung – Partnerschaft – Dankeschön!«

Ich sprach langsam und machte zwischen den einzelnen Wörtern jeweils eine Pause von mehreren Sekunden. So gab ich den Wörtern Zeit, ihre Schwingung zu entfalten und damit ihre Wirkung fühlbar zu machen. Beim normal schnellen Sprechen im Alltag entgeht diese Wirkung dem Sprecher und dem Angesprochenen, und dennoch ist die Wirkung auf einer anderen Ebene da. Die logische Folge ist, dass Menschen mittels ihrer Sprache eine Wirkung haben, die sie nicht haben wollen, und folglich Dinge erleben, die sie nicht erleben wollen. Wörter sind Schwingung und bringen immer etwas in Schwung.

Danach bat ich Angelika, mir zu erzählen, wie es ihr bei dieser Übung ergangen war. Sie hat gespürt, wie gut das Wort ›Quellwasser‹ ihr tat. Das Wort rief in ihr angenehme Erinnerungen wach. Es schmeckte nach Frische und einer angenehmen Kühle. Es wirkte beruhigend auf sie. Bei ›Verpflichtung‹ zog sich ihr Magen zusammen. Das Wort fand sie schrecklich und einengend. Bei ›Hochzeit‹ fand sie es lustig, dass ich es zwei Mal gesagt habe, einmal mit einem langen ›oh‹ und einmal mit einem kurzen ›o‹. Ihre Hochzeit war eine ›Hoochzeit‹ gewesen. Die Schweizer sagen es übrigens in ihrer Sprache mit einem langen oo.

Angelika fand diese Erfahrungen wundervoll: »Dann kann ich mein Wohlergehen tatsächlich mit meiner Wortwahl beeinflussen?!« Sie war ganz aufgeregt. Es war sichtbar, dass sich in ihr eine neue Welt auftat. Dann sagte sie weiter: »Ja, da muss man ja erst einmal wissen, was man sagt. Ich habe viel von positivem Denken gehört und auch darüber gelesen. Und ich habe auch probiert, es auf meine Ehe anzuwenden. Doch habe ich auf die einzelnen Wörter noch nie geachtet. Vielleicht ist das der Grund, warum ich noch nicht weitergekommen bin!«

»Die Dinge sind, wie sie sind. Sie sind weder positiv noch negativ. Ich halte Positivdenken für einseitig und letztlich gefährlich. Es lehnt das Negative ab und gibt ihm gerade auf diese Weise viel Energie. Die Energie folgt der Aufmerksamkeit. Durch Ablehnung laden sich Menschen genau das in ihr Leben ein, das sie nicht haben wollen. Das ist nicht der Weg.

Ich mache gute Erfahrungen damit, sich die eigene Denkweise erst bewusst zu machen. Ich kann erst dann denken, was ich denken will, wenn ich weiß, was und wie ich denke und welche Wirkung ich damit habe. Der Schlüssel zu meinem Denken ist meine eigene Sprache und Ausdrucksweise. Sie ist das Tor zu selbstbestimmtem Denken und Handeln.«

Viele Menschen sind in ihrer inneren Entwicklung viel weiter, als es ihre Ausdrucksweise ahnen lässt. So war es auch bei Angelika. Die Schulung der Sprache war der letzte Baustein in ihrem Mosaik, der ihr noch fehlte.

Seine eigene Wirkung erkennen

Ich fragte Angelika: »Was meinen Sie: Wie wirken Sie auf andere, wenn Sie sprechen?« Angelika dachte erst ein wenig nach. Dann sagte sie: »Ich bin eigentlich bescheiden und bemühe mich, auf eine angenehme Weise höflich zu sein. Ich glaube auch, dass ich so wirke. Nur manchmal, wenn ich vor lauter Ärger gar nichts mehr herausbringe, dann koche ich innerlich nur noch. Das merkt dann, fürchte ich, jeder.«

Das war lustig. Sie schmunzelte selbst, als sie das sagte. Dann lachten wir beide.

Ich fragte sie, ob sie wissen wolle, wie ich sie und ihre Sprache empfinde.

»Ja sicher, deswegen bin ich ja da!«

»Ich empfinde Sie als einen angenehmen, feinen Menschen. Sie strahlen rein körperlich und mit ihrer Stimme etwas Feines, Würdevolles aus. Das ist angenehm und macht mich neugierig, Sie näher kennen zu lernen. Ihre Wortwahl und Ihr Satzbau stören dieses angenehme Empfindung etwas.«

»Oh! Wie das?«, fragte sie mich.

»Es sind im Grunde alles Kleinigkeiten. Sie haben nur eine große Wirkung. Sehen Sie jeden Aspekt bitte als eine Chance, in Leichtigkeit etwas erleichtern zu können! Sie werden sehen, dass es wirklich leicht ist.

Ja, Sie sprechen leise. So ist es anstrengend, hinzuhören. Ich muss mich voll und ganz konzentrieren, um jedes Wort und dann auch den Sinnzusammenhang deutlich verstehen zu können! Dabei ist das, was Sie sagen, wertvoll. Doch braucht es, wie gesagt, eine erhöhte Aufmerksamkeit, um gedanklich dabeizubleiben und nicht abzuschweifen.«

Angelika wusste, dass sie leise sprach. Sie sprach bewusst leise. Sie hatte geglaubt, dass sie damit bescheiden und höflich wirkte! Es war ihr nicht klar, dass sie es ihrem Gesprächspartner viel leichter macht, wenn sie lauter spricht und dass er ihr dann viel lieber zuhört. Sie war nicht auf die Idee gekommen, wie anstrengend ihr leises Sprechen für andere war.

Fast erschrocken wiederholte sie: »Das wirkt auf andere anstrengend! Oh, das will ich bestimmt nicht! Ich übe extra Zurückhaltung, weil ich das für erstrebenswert halte. Das habe ich mit der Zeit mühsam gelernt. Ich hoffte, damit ein harmonisches Miteinander mit meinem Mann zu bewirken. Früher bin ich so leicht aus der Haut gefahren. Jetzt bin ich absichtlich zurückhaltend, um eben nicht aufzubrausen und Dinge zu sagen, die ich danach bereue.« Mit dieser Zurückhaltung hatte sich bei ihr über die Jahre einiges angestaut.

Schlüsselworte setzen angestaute Emotionen frei

Ich fragte Angelika: »Wie fühlt es sich für Sie an, wenn Sie sagen: ›Ich halte mich zurück‹? Sagen Sie es bitte zweimal und fühlen Sie die Wirkung. Tut Ihnen diese Formulierung gut oder nicht?«

Sie folgte meiner Anweisung und ließ sich Zeit, die Wirkung zu spüren: »Ich halte mich zurück, ich halte mich zurück.«

Beim ersten Mal war nichts. Es war einfach eine gedachte, sachlich gemeinte Aussage, ohne Gefühle. Sie hält sich eben zurück. Beim zweiten Mal wurden die Emotionen deutlich, und sie fühlte Druck auf ihrem Magen. Der Magen war tatsächlich ihr Schwachpunkt. Ihr war bei dieser Übung bewusst geworden, dass ihr diese Redewendung schmerzliche Gefühle bereitete.

Zurückhaltung hält etwas zurück. Es geht dann etwas zu, ruckartig zu. Angelika konnte diese Empfindung gut spüren. Sie kannte sie. Es war nicht nur der Magen, der sich meldete. Auch innere Bilder stiegen auf. Immer wieder gingen zwischen ihr und ihrem Mann die Türen zu.

Redewendungen haben viel Wahrheit in sich. Neben der gedachten Botschaft transportieren sie auch eine verborgene Botschaft und haben damit eine verborgene Wirkung. Ich bot Angelika eine andere Redewendung an: »Probieren Sie bitte den folgenden Satz: ›Ich lasse ihn‹!« Sagen Sie ihn bitte auch zweimal und horchen Sie dabei in sich hinein. Manche Bemerkungen ihres Mannes regten sie einfach auf. In solchen Situationen hatte sie sich bislang immer beherrscht zurückgehalten. Hier konnte die gewandelte Denkweise eine wohltuende

Wende bringen. Angelika probierte den neuen Satz aus. Sie begann: »Ich lasse ihn. - Ich lasse ihn.« Und dann geschah etwas. Sie rief auf einmal mit kräftiger, lauter Stimme: »Ich lasse ihn gar nicht. Ich will ihn auch nicht lassen! Ich habe dreißig Jahre probiert, ihn in Gang zu bringen. Das kann doch nicht vergeblich sein!« Es klang eher wie ›Ich verliere ihn‹ als wie ›ich lasse ihn‹. Angelikas Wut und ihre Verzweiflung brachen hervor. Ein Schlüsselwort hat die Tür geöffnet, hinter der sie die Emotionen beherrscht zurückgehalten hatte. Der Druck wich nun heraus.

Ich griff ein: »Sagen Sie Ja zu ihren Emotionen. Es ist gut so. Bleiben Sie mit sich in Kontakt. Konzentrieren Sie sich auf ihre Atmung und erlauben Sie den Emotionen, langsam herauszukommen. Halten Sie sie nicht mehr zurück. Sagen Sie Ja. Einatmen – ausatmen – einatmen – ausatmen – einatmen – ausatmen. Konzentrieren Sie sich mit ihrer Atmung auf ihren Magen. Lenken Sie ihre Aufmerksamkeit beim Atmen dorthin. Lassen Sie sich Zeit.«

Ich wartete und atmete mit. Nach einigen Atemzügen atmete Angelika tief durch. Sie seufzte erleichtert auf und sagte: »Der Druck ist weg!«

Ich bat sie, noch einmal zu sagen ›ich lasse dich‹ und den Satz dabei zu fühlen. Sie tat es, und er klang frei und liebevoll. Die Verlustangst schwang nicht mehr mit. Angelika hatte die unbewusste Speicherung mit dem geführten Atmen gewandelt. Nun konnte sie leichten Herzens sagen: »Ich lasse ihn«. Dabei spielte ein leichtes Lächeln um ihre Mundwinkel.

Die Lösung heißt: Gelassenheit

Die Lösung besteht oft darin, sich von dem alten Denken zu lösen und eine neue Sichtweise zu entwickeln. Hierbei hilft der bewusste Umgang mit der Kraft der Sprache. Eine neue Ausdrucksweise wandelt das Denken und mit ihm die innere Einstellung. Auf diese Weise eröffnen sich neue Handlungsspielräume.

In Angelikas Beispiel geht es darum, jegliche Formulierung mit dem Wort »Zurückhaltung« zu erkennen, sich immer wieder seine nachteilige Wirkung bewusst zu machen und dafür jeweils eine sprachliche Alternative zu finden. Gleichzeitig gilt es, Gelassenheit zu entwickeln und als Schlüsselwort dafür das Wort ›lassen‹ in den aktiven Sprachgebrauch aufzunehmen.

Angelikas Körperhaltung war bei der neuen Formulierung anders als bei dem gewohnten ›ich halte mich zurück‹. Bei dem ›ich lasse ihn‹ richtete sie sich auf und saß gerade und aufrecht. Sie war bei sich und in ihrer Mitte. Damit war sie mit sich selbst aufrichtig. Bei der alten Formulierung hatte sie den Impuls, sich etwas zu weit nach vorn zu beugen. Danach musste sie sich jeweils wieder beherrscht zurücknehmen. Die innere Ruhe fehlte dabei.

Diese so wohltuende Gelassenheit konnte Angelika in vielen alltäglichen Situationen ihres Alltags einüben, nicht nur mit ihrem Mann. Ich gab ihr eine konkrete Anregung: »Stellen Sie sich beispielsweise vor, eine Nachbarin fragt Sie nach Ihrer Meinung zu etwas oder zu jemandem, und Sie mögen sich nicht äußern. Kennen Sie solche Situationen?«

Sie antwortete spontan in der ihr gewohnten Ausdrucksweise »Ja, sehr gut, ich finde solche Situationen unangenehm, je nach dem, um was es geht. Ich halte mich da aber im Allgemeinen zurück!« Da hatten wir wieder diese Ausdrucksweise, und Angelika hatte sie nicht bemerkt. Sie sagte sie einfach so. Sie war Teil ihres Denkens geworden.

Ich machte sie darauf aufmerksam. »Das gibt es ja gar nicht. Ich hätte das ohne Ihren Hinweis nicht bemerkt. Das sitzt wirklich tief. Es wird bestimmt dauern, bis ich das weg habe!«

Da konnte ich sie beruhigen. »Es ist leichter als Sie denken! Ich zeige ihnen gleich, wie Sie es von jetzt an auch daheim machen können. Wiederholen Sie einfach den letzten Satz mit dem ›zurückhalten‹. Haben Sie ihn noch parat?«

Genauso bekam sie ihn nicht mehr hin. Er war ähnlich: »Da halte ich mich meistens zurück.«

»Gut, und jetzt sagen Sie diesen Satz bitte noch einmal und fühlen ihn. Machen Sie am besten eine Geste dazu und bewegen Sie ihr Gesicht so, dass Sie damit das Zurückhalten untermalen!«

Angelika machte es und wir lachten. LINGVA ETERNA® ist nicht nur ernst, sondern auch lustig.

»Und jetzt sagen Sie diesen Satz bitte neu. Finden Sie bitte eine Formulierung mit ›lassen‹.« Sie probierte eine Weile und fand dann eine schöne Lösung: »Ich lasse meine Nachbarin dann so sein, wie sie ist.« Das war prima. Ich freute mich mit ihr.

Nun bat ich sie, auch die neue Aussage mit einer passenden Gestik und Mimik zu untermalen. Sie tat es. Zwischen der alten und der neuen Formulierung war ein himmelweiter Unterschied. Angelika konnte es leicht selbst erkennen. Nun wusste sie, wie sie daheim vorgehen konnte.

Ich erklärte ihr zusammenfassend, was es mit dieser scheinbar geringfügigen Korrektur in ihrer Ausdrucksweise auf sich hat:

»Indem Sie die Formulierung ›ich halte mich zurück‹ bewusst in ihrer nachteiligen Wirkung erleben, können Sie sie ersetzen durch die neue Formulierung ›ich lasse ihn/sie‹, die eine für Sie angenehmere Wirkung hat. Damit hören Sie bewusst auf, in der Qualität von ›Zurückhaltung‹ zu denken. Stattdessen lenken Sie Ihre innere Entwicklung in Richtung mehr Gelassenheit. Darum geht es mir.

Sagen Sie die alte Formulierung ruhig weiter. Nehmen Sie sie wahr, wenn sie aus ihnen herauskommt. Freuen Sie sich, wenn Sie es merken und machen Sie sich ihre Wirkung bewusst. Wenn Sie mögen, können Sie sie dann ersetzen. Erzwingen Sie nichts! Seien Sie sanft und humorvoll mit sich selbst!«

Angelika fragte: »Ich darf also weiterhin ›ich halte mich zurück‹ sagen?«

»Ja, nur fühlen Sie dabei, wie sich diese Worte anfühlen. Machen Sie sich bewusst, dass Sie mit dem Zurückhalten ihre Kräfte blockieren und innerlich stauen.«

»Ja, jetzt ist es angekommen!«

»Diese Änderung in ihrer Sprachgewohnheit wird eine wohltuende Auswirkung auf das Zusammenleben mit Ihrem Mann haben. Und darum geht es Ihnen ja in erster Linie.«

Auf einmal lachte sie vergnügt und sagte: »Da habe ich ja viele Möglichkeiten zum Üben! Ich werde es probieren. Nein, ich werde es tun!« Ihre Stimme klang nun wesentlich kraftvoller als am Anfang. Sie hielt ihre Kraft nicht mehr zurück. Sie kam ganz einfach in Schwung.

Ein wirkungsvoller Fingergriff

Es gibt einen hilfreichen Griff, der die Emotionen beruhigt. Er ist gut geeignet in allen Situationen, bei denen ein Mensch Gefahr läuft, seine innere Mitte zu verlieren und dann ganz schnell wieder in alte Verhaltensmuster hineinrutscht. Dieser Griff ist einfach und wirksam.

»Legen Sie an einer Hand oder an beiden Händen die Fingerkuppen von Daumen und Ringfinger aufeinander. Es genügt eine leichte, bewusste Berührung. Dann können die Emotionen aufsteigen, doch überschwemmen sie Sie nicht. Sie sind dann einfach da, und Sie haben gut Kontakt mit sich selbst, mit

Ihrem Körpergefühl und mit Ihren Emotionen, so wie gerade, als ich Sie bei der Atemübung anleitete. Sie geatmet haben. Auch mit diesem bewussten Griff bleiben Sie gut bei sich und geraten nicht so leicht aus dem Häuschen. So haben Sie Ihre Emotionen im wahrsten Sinn des Wortes im Griff. Dieser Griff wird es Ihnen erleichtern, auch in kritischen Situationen die Ruhe zu wahren oder schnell wieder zu finden!«

Wir probierten diesen Griff aus. Angelika dachte an eine belastende Situation, die sie gerade gestern gehabt hatte. Sie wollte in Ruhe ihre Dinge für das Seminar einpacken, da rief ihr Mann aus dem Wohnzimmer und wollte, dass sie ihm seine Tabletten mitbringt, wenn sie ins Wohnzimmer kommt. Sie rief ebenso quer durchs Haus, dass sie gerade packte und dass er sich seine Tabletten selber holen sollte. Dann klingelte das Telefon. Sie unterbrach ihr Packen und nahm das Gespräch an. Es war ihr Sohn. Mit ihm redete sie eine kleine Weile. Da machte ihr Mann einige spitze Bemerkungen, weil sie für den Sohn und nicht für ihn Zeit hatte und das, obwohl er etwas krank war. Diese Situation tauchte vor ihrem inneren Auge auf. Sie hatte sich – wieder einmal war das Wort da – mühsam zurückgehalten und dabei innerlich gekocht.

Die Emotion war wieder da. Darauf hatte ich gewartet. »Bleiben Sie bei dieser Emotion, nehmen Sie sie wahr, denn sie ist wahr. Legen Sie jetzt die Fingerkuppen von Daumen und Ringfinger einer Hand zusammen. Bleiben Sie mit ihrer Aufmerksamkeit einige Sekunden bei Ihrer Emotion.«

Angelika spürte, wie die Erregung nachließ. Dann sagte sie mir in ruhigem Ton, und doch voller Gefühl: »Ich hatte in diesem Augenblick eine Riesenwut auf meinen Mann. Das ist ja keine Ausnahme, sondern das passiert immer wieder.« »Können Sie ihm Ihre Gefühle mitteilen?« fragte ich sie.

»Bis jetzt nicht oder wenn, dann endet das in einem Streit. Da halte ich mich lieber zurück und sage es nach mehreren

Tagen, wenn die Wut verraucht ist. Halt, lassen Sie mich gleich die neue Formulierung ausprobieren: Da lasse ich ihn lieber und sage es erst nach mehreren Tagen.«

»Oh wie schön, Angelika! Sie haben die gewohnte Formulierung bemerkt und gleich gewandelt. Genau so meine ich es.« Dann machte ich einen Kommentar zu der Fingerhaltung: »Mit diesem Griff wird es Ihnen leicht, Ihre Emotionen wahrzunehmen und so weit zu beruhigen, dass Sie nach einigem Üben bereits in der Situation oder direkt danach so mit Ihrem Mann sprechen können, dass die Situation ein für alle Mal geklärt ist. Dann brauchen Sie sich auch nichts nachzutragen. Beim Nachtragen tragen Sie jemandem etwas nach. Damit machen Sie sich das Leben schwer. Lassen Sie das Nachtragen hinter sich.

Ich bin sicher, dass Ihr Mann Sie mit seinem Verhalten nicht ärgern will. Er ist wahrscheinlich einfach bequem. Mit diesem Blickwinkel können Sie ihn vielleicht leichter annehmen als bis jetzt.«

Emotionen und Gefühle sind nach meiner Sichtweise zweierlei. Gefühle entstehen im Augenblick. Wir fühlen Freude, wenn wir etwas Schönes sehen, oder Trauer, wenn wir etwas Trauriges hören. Wir haben die Wahl, mit welchen Themen wir uns befassen und welchen Gefühlen wir uns hingeben. Unsere Gefühle hinterlassen Spuren in uns. Wir speichern die mit ihnen gemachten Erfahrungen in unserem Körper. Das sinnliche Wahrnehmen mit unseren fünf Sinnen hängt eng mit unseren Gefühlen zusammen.

Emotionen kommen aus dem Inneren heraus, ausgelöst durch einen Auslöser. Das Wort ›Emotion‹ kommt von dem lateinischen Wort ›emotio‹ und heißt ganz wörtlich ›Herausbewegung‹. Die gespeicherten Emotionen brechen immer wieder oft ganz unerwartet hervor. Es sind Gefühle, die ein Mensch bei früheren Erfahrungen gespeichert hat. Es ist wichtig, sich ihnen zu stellen und sie aufzuräumen. Der beschriebene Fingergriff hilft dabei.

Solange belastende Emotionen in uns sind, wirken sie wie ein Magnet und ziehen Situationen an, in denen wir wieder Gelegenheit haben, die gleichen schmerzlichen Gefühle zu erleben. So erleben wir ähnliche Situationen immer wieder und wieder, bis wir mit unseren als negativ empfundenen Emotionen unseren Frieden gemacht haben.

Darum ist es wichtig, sich die schöpferische oder auch zerstörerische Kraft der Gefühle bewusst zu machen, die wir uns in den einzelnen Augenblicken unseres Lebens erlauben. Mit unserem Fühlen und Denken gestalten wir unsere individuelle Wirklichkeit.

Eindeutige Aussagen machen

Bis jetzt hatte Angelika es mit der Diplomatie gehalten. Sie war vorsichtig und ließ sich sicherheitshalber einige Hintertüren offen. So brauchte sie sich nicht festzulegen und konnte ihren Gesprächspartnern immer wieder entwischen. Sie glaubte, dass sie so weniger Angriffsfläche bot und eher ein friedliches Miteinander möglich wurde. Doch genau das ist eine Selbsttäuschung.

Diese Hintertüren sind nur scheinbar hilfreich. In Wahrheit erzeugen sie mehr Streit als Frieden und kosten obendrein viel Energie. Zu diesen Hintertüren zählt die Wischiwaschi-Sprache mit all den ›eigentlich‹, ›vielleicht‹, ›irgendwann‹ und ›irgendwie‹, mit all den ›könnte‹-, ›hätte‹-, ›sollte‹- und ›würde‹-Sätzen und noch vielen anderen schwammigen Formulierungen.

Selbst Angelika, die so klar wusste, an welcher Stelle sie in ihrem Leben etwas ändern wollte und die schon viel an sich gearbeitet hatte und innerlich so bereit war, war sich ihrer Wischiwaschi-Sprache nicht bewusst.

»Sie werden sich wesentlich wohler fühlen, wenn Sie eindeutig werden und Ihre Hintertüren schließen. Durch diese Hintertüren können nicht nur Sie entweichen und sagen: So habe ich es ja nicht gemeint. Durch diese Hintertüren fließt Ihnen Ihre eigene Energie weg! Das erklärt Ihre andauernde Müdigkeit und Ihre Erschöpfung! Schauen Sie sich Ihre Hintertüren an, durch die Ihre Energie abfließt, und machen Sie sie dicht. Werden Sie eindeutig!«

Angelika war drauf und dran, eines ihrer Energie-Löcher zu zeigen. Sie sagte:

»Ich glaube eigentlich schon, dass ich eindeutig bin!«

»Ja, eigentlich schon!«, wiederholte ich ihre Aussage und lächelte sie an. Sie hatte es nicht gemerkt.

Dann sah sie mich an und fragte: »War was?«

»Ja, Sie haben in ihrem letzten Satz gleich ein ›eigentlich‹ drin gehabt und haben es nicht gemerkt. Dieses ›eigentlich‹ ist ebenso üblich wie es übel ist. Es ist wirklich weit verbreitet. Fragen wie diese sind gängig: ›Was machst du eigentlich heute Nachmittag?‹ und ›Hast du eigentlich schon Fenster geputzt?‹«

Angelika wusste jetzt schon, wie sie vorgehen konnte und wiederholte zweimal ihren Satz: »Ich glaube eigentlich schon, dass ich eindeutig bin.« Ich wiederholte ihn gemeinsam mit ihr. Auf einmal empfand sie diesen Satz als absurd. Der Satz sagte so gut wie nichts aus. Dann machten wir das Gleiche ohne das ›eigentlich‹. Jetzt war ihre Aussage klar: »Ich glaube schon, dass ich eindeutig bin.«

Um ihr die nachteilige Wirkung von ›eigentlich‹ noch deutlicher zu machen, gab ich eine kurze Erklärung: »Menschen, die gewohnheitsmäßig ›eigentlich‹ sagen, setzen ein Signal. Sie signalisieren damit unbewusst: Nimm mich bloß nicht ernst.

Ich stehe nicht hinter meiner Aussage! Wenn ein Mann seiner Frau sagt: »Ich liebe dich eigentlich«, ist etwas faul. Er liebt sie eben nicht, nicht richtig. Jeder, der »eigentlich« sagt, belügt sich selbst und den anderen auf bewusste oder unbewusste Weise und macht sich dadurch unglaubwürdig.«

Ich gab Angelika die Anregung, ihre Aufmerksamkeit in den nächsten beiden Wochen auf das Wort ›zurückhalten‹ zu lenken und in der dritten und vierten Woche auf das Wort ›eigentlich‹. Den nächsten Impuls wollte ich ihr bei einer weiteren Gelegenheit geben. Angelika hatte noch mehr Wischiwaschi in ihrer Sprache. Doch ist es leichter und auch effizienter, sich nur auf eines dieser Wörter zu konzentrieren als gleich mehrere auf einmal anzugehen. Das blockiert mehr, als dass es hilft. Die Wirkung ist umso stärker, je klarer und bewusster die Aufmerksamkeit gebündelt ist. Ein bewusst und gezielt gewähltes Wort wirkt gleichsam wie eine verbale Hochpotenz.

Es geht in die gewünschte Richtung

Angelika befasste sich bis zum nächsten Seminar vier Wochen später täglich mit ihrer Sprache. Sie hörte aufmerksam hin, wenn andere sprachen und bemerkte, dass die Wischiwaschi-Sprache tatsächlich allgegenwärtig ist. Das hatte sie vorher nicht in diesem Maße wahrgenommen.

Als wir uns wieder sahen, erzählte sie von ihren Erfahrungen mit der Sprache: »Ich habe noch nie in meinem Leben so sehr auf die Sprache und ihre Wirkung geachtet. Die ist wirklich enorm. Mit dem ›eigentlich‹ wird die Aussage wirklich stark abgeschwächt oder sogar in Frage gestellt. Manchmal hat es auch keinerlei Bedeutung. Vielfach wird es nur gewohnheitsmäßig genommen! Ich sage selber noch oft ›eigentlich‹. Ich merke es jetzt – und darüber bin ich froh!«

Das war ein wesentlicher Schritt. Indem sie anfing zu merken, was sie sagte, konnte sie schrittweise dahin kommen, das zu sagen, was sie sagen wollte.

Den Daumen-Ringfinger-Griff hat sie wiederholt und mit gutem Erfolg angewendet. So gelang es ihr, insgesamt deutlich ruhiger zu werden. Die Situationen entwickelten sich anders als vorher. Auch auf das ›lassen‹ hatte sie geachtet. Sie hatte nun das Empfinden, dass sie sich nun gar nicht mehr in dem Maß wie vorher zurückhalten musste. Und wenn es doch einmal soweit war, dann erinnerte sie sich daran, dass sie ihn so sein lassen will, wie er ist.

Angelika war jetzt mehr in ihrer Mitte als bei ihrem ersten Seminar. Sie erzählte freudig: »Ich fühle mich deutlich wohler und energiegeladener. Ich bin einfach mehr bei mir. Es gibt etwas weniger Reibereien mit meinem Mann, und so geht es mir natürlich besser!« Sie war erleichtert. Nach nur vier Wochen konnte sie eine Wende in die gewünschte Richtung erkennen. Sie war hoch erfreut, dass die Änderungen in ihrer Ausdrucksweise eine so starke Wirkung hatten. Sie strahlte mich an.

Dann wurde sie nachdenklich und fügte nach einer Pause an: »Ich bin in meinem Wohlbefinden so stark abhängig von dem Befinden und dem Verhalten meines Mannes. Es ist schon besser geworden. Aber da gibt es noch einiges zu tun. Ich merke, dass das an mir zieht. Gibt es da eine Hilfe?«

An einer Sache hängen

Angelikas Formulierung ›Ich bin abhängig von dem Befinden meines Mannes‹ war nur eine von zahlreichen anderen Formulierungen, in denen sie das Wort ›hängen‹ gebrauchte. Das ›hängen‹ war ein weiteres Grundmuster ihres Denkens. Da sie ›Abhängigkeit‹ dachte, erlebte sie auch Abhängigkeit. Ihre Ausdrucksweise fand ihre Entsprechung in ihrem Erleben der Abhängigkeit von ihrem Mann.

Dieses ›hängen‹ und ›abhängig sein‹ war in weite Teile ihres Denkens eingedrungen. Ihr Lebensthema kam auch dann wortwörtlich zur Sprache, wenn sie nicht davon zu sprechen meinte. So aktivierte sie es mit alltäglichen Redewendungen immer wieder neu, ohne sich dessen bewusst zu sein. Die emotionalen Speicherungen mit diesen Wörtern und Redewendungen schwingen in der Kommunikation immer mit und halten alte Verhaltensmuster aufrecht. Das erklärt, warum manche Menschen immer wieder in die alten Muster fallen. Mit einer bewusst gewählten neuen Ausdrucksweise können sie die alten Themen bewusst loslassen.

Wenn es darum geht, ein Lebensthema in der Sprache aufzuspüren, bewährt es sich, alle Redewendungen zu sammeln, in denen dieses Thema wortwörtlich zur Sprache kommt, ohne dass der Sprecher es bewusst so meint. Danach ist der nächste Schritt, diese Wörter langsam ein zweites Mal zu sagen, in sich hinein zu horchen und ihre Wirkung zu spüren. Der dritte Schritt besteht darin, neue Formulierungen zu finden, die an die Stelle der alten Formulierungen treten können.

Für Angelikas Beispiel bedeutete dies jetzt, Redewendungen und Wörter mit dem Grundwort ›hängen‹ zu sammeln, ihre emotionale Wirkung zu fühlen und sie danach bewusst durch jeweils neue Formulierungen zu ersetzen. Ich war sicher, dass ihr Leben als Folge davon eine Wendung machen würde, die diesen neu gewählten Rede-Wendungen entspricht.

Ich fragte Angelika: »Welche Wörter kommen Ihnen in den Sinn, in denen das Grundwort ›hängen‹ vorkommt?«

Erst zögerte sie etwas, doch dann nannte sie einige: »In der Luft hängen, sich hängen gelassen fühlen, herumhängen, der Magen hängt mir durch, an jemandem hängen, ein Verfahren ist anhängig, anhänglich sein, jemandem etwas anhängen, aufhängen, sich aufhängen an einem Thema …«

Die Liste wurde immer länger. Ich griff die Wendung heraus, die für Angelikas Anliegen aus meiner Sicht am meisten bringen konnte: ›Ich hänge an einer Person oder an einer Sache‹.

Dann fragte ich Angelika: »Kennen Sie das Gefühl, dass Sie etwas so gern haben, dass Sie daran hängen?«

Sie reagierte etwas erstaunt und sagte: »Natürlich! Das tut doch jeder. Ich hänge an einem Gegenstand in meinem Keller. Das ist der Windeltopf, in dem ich die Windeln gekocht habe, in die ich vor nunmehr fünfunddreißig Jahren meinen Sohn gewickelt habe!«

»Oh! Ist dieser Windeltopf eine liebe Erinnerung oder hängen Sie an ihm?« Erst glaubte Angelika, dass das aufs Gleiche herauskomme. Dann sagte sie beide Formulierungen jeweils zweimal langsam und ließ sie auf sich wirken. Da merkte sie den Unterschied. Sie nickte.

»Gibt es noch etwas, woran Sie hängen?«

Angelika hing an vielem: »Ich hänge nicht nur am Windeltopf. Ich hänge auch an meinem Sohn, ich hänge an meinem Mann, ich hänge an meinem Haus, ich hänge auch an meinem Garten. Und dann hänge ich an lieb gewordenen Gewohnheiten. Das soll auch so bleiben. Ich fühle mich damit wohl!« Das klang fast trotzig.

»Sie dürfen die große Liebe für diese Dinge und diese Menschen behalten! Ich wünsche Ihnen nur, dass Sie innerlich frei werden und aus dieser inneren Freiheit heraus mit Ihren Lieben und mit den Ihnen liebgewordenen Dingen noch viel mehr Freude haben können als jetzt! Solange Sie an Ihnen hängen, hängen Sie in Ihrer Entwicklung und behindern gleichzeitig das, woran Sie hängen. Sie binden doch nicht nur sich, sondern auch die Menschen und die Dinge fest!«

Angelika merkte noch nicht, dass sie mit diesem Denken ihre Freiheit einschränkte und sich ihr Gefühl der Abhängigkeit selbst gestaltete.

Also bat ich sie, zweimal zu sagen ›ich hänge an meinem Mann‹ und die Wirkung dieser Aussage zu fühlen. Dieser Satz klang für sie richtig und gewohnt. Dann bat ich sie, sich das Bild vorzustellen, wie sie wörtlich an dem Garten, am Mann, am Sohn, am Windeltopf und am Haus hängt und so sich und die anderen in Abhängigkeit bringt. Um die wörtliche Bedeutung der Redewendung sinnbildlich zu machen, nahm ich eine Rolle mit Geschenkband und schnitt fünf lange Teile ab. Dann begann ich, diese Geschenkbändchen jeweils mit dem einen Ende an fünf Stühle zu binden. Sie standen für das Haus, den Garten, den Mann, den Sohn und den Windeltopf. Angelika beobachtete mich staunend und fragte dann: »Was gibt das?«

Ich schaute sie an und gab ihr die freien Enden in die Hand.

»Sie dürfen Sprache ruhig ganz wörtlich nehmen. Dann kommen manche tiefere Wahrheiten ans Licht!«

Du hast die Wahl

»Was soll ich mit diesen Geschenkbändchen in der Hand? Ich will sie nicht!«, sagte Angelika.

»Umso besser. Sie haben die Wahl, diese Enden loszulassen oder an sich zu binden. Immer wenn Sie sich an etwas hängen, hängen Sie sich selbst fest. Das eine Ende der Schnur ist immer um Sie gelegt.

Stellen Sie sich vor, wie Sie sich im Wald und in der Stadt bewegen können, wenn Sie die Bändchen fest in der Hand halten! Sie schränken ihre Bewegungsfreiheit ein und ziehen die Stühle und die Menschen hinter sich her, egal ob sie mitkommen wollen oder nicht.«

Jetzt erkannte sie, was ich ihr sagen wollte. Sie ließ die Bänder los und seufzte tief. »Das ist ja schrecklich. Nun mag ich nicht mehr sagen, dass ich an meinem Mann, an meinem Sohn, an meinem Garten und an meinem Haus und an dem Windeltopf hänge. Das ist ja absurd! Nun ist mir klar, warum ich das Gefühl habe, dass die anderen an mir herumziehen. Ich selbst lasse sie nicht los. Dadurch können sie an mir ziehen. Nun ist mir auch klar, dass mein Mann sich querstellen muss, um nicht dauernd herumgezogen zu werden. Oh je.«

Ich sammelte die Geschenkbändchen wieder ein.

»Die Lösung ist einfach. Sie wollen mit dem ›ich hänge an meinem Mann und an meinem Sohn‹ sagen, dass Sie ihren Mann und ihren Sohn lieben. Und das darf auch so bleiben.« Angelika nickte. Genau das meinte sie damit. »Sagen Sie es doch einfach so und lösen Sie sich von dem gewohnheitsmäßigen Abhängigkeitsdenken!«

Angelika sagte die alte Formulierung zweimal langsam und machte eine kurze Pause zwischen den beiden Sätzen. Sie begleitete sie mit einer passenden Gestik und Mimik. Genauso ging sie danach mit der neuen Formulierung vor: »Ich liebe meinen Mann, und ich liebe meinen Sohn, und ich liebe mein Haus und meinen Garten, und ich liebe auch den alten Windeltopf. – Ich liebe meinen Mann und ich liebe meinen Sohn, und ich liebe mein Haus und meinen Garten, und ich liebe auch den alten Windeltopf«

Angelika atmete erleichtert auf. Die neue Formulierung war für sie eine gute Lösung. Damit fühlte sie sich rundherum wohl. Sie fühlte sich selbst auf einmal frei und empfand die Liebe, die sie für ihren Mann, ihren Sohn, das Haus und den Garten hatte. Sie erkannte, dass damit auch der Mann und der Sohn ihre Liebe anders und vielleicht ganz neu wahrnehmen können. Sie atmete glücklich auf.

Aus dem ›hängen‹ war ein ›lieben‹ geworden. Die scheinbar kleine Änderung der gewohnten Ausdrucksweise hatte Angelikas Aufmerksamkeit auf die Ursache ihrer Schwierigkeiten gelenkt, nämlich auf das Abhängig-Denken. Sie konnte sich und ihren Mann jetzt mit neuen Augen sehen.

Bislang hatte ich in Angelikas Sprache nur die Redewendung ›an jemandem oder etwas hängen‹ betrachtet. Das war ein guter und wirksamer Anfang. Es ist hilfreich, in ähnlicher Weise auch die anderen Redewendungen und Wörter mit dem Grundwort ›hängen‹ bewusst wahrzunehmen und für sie andere Formulierungen zu finden. Dann ist die befreiende Wirkung noch wesentlich stärker.

Statt ›das ist davon abhängig, ob ...‹ können wir sagen ›das kommt darauf an, ob ...‹, statt ›jemandem etwas anhängen‹ können wir sagen ›behaupten, dass jemand etwas gesagt oder getan hat‹ usw. Solange wir denken, dass wir von einer Person abhängig sind, kann diese Person uns jederzeit abhängen. Mit dem bewussten Beenden des Abhängig-Denkens wandelt sich die Lebensqualität. Nun kann eine Liebe entstehen, die den anderen frei gibt für sich selbst. Mit dem bewussten Loslassen eröffnen wir dem Partner und uns selbst eine großartige Chance. Mit LINGVA ETERNA® ist es möglich, fern von einem akuten Thema das zu Grunde liegende Denkmuster auf einer viel tieferen Ebene sanft und schonend anzugehen und ihm die entscheidende Wende zu geben.

Mit der neuen Ausdrucksweise begann Angelika ihr Denken gezielt in neue Bahnen zu lenken und alte eingefahrene Muster hinter sich zu lassen. Es blieb abzuwarten, wie sich dieses neue Denken und Fühlen auf das Zusammenleben mit ihrem Mann auswirken würde. Dabei war es von großer Bedeutung, dass Angelika ihr eigenes Denken änderte, um bei sich selbst eine grundsätzliche Kurskorrektur durchzuführen und nicht, um ihren Mann zu ändern. Der Mann durfte und darf so bleiben, wie er war.

Das Loslassen üben

Eine der besten Übungen, die ein Mensch durchführen kann, ist die Übung des Loslassens. Sobald wir die Hand aufmachen und bereit sind loszulassen, kann auch das Glück in die geöffnete Hand kommen. Wir können Loslassen üben: Manche Dinge besitzen wir nur aus Gewohnheit oder aus Verpflichtung, und wir würden sie uns nicht noch einmal anschaffen. Es ist weise und beglückend, alle Dinge abzugeben, die nicht glücklich machen. Sie sind nur Ballast im Leben. Doch das Loslassen allein ist es noch nicht. Die Art und Weise, in der dies geschieht, hat mehr Wirkung als die Handlung selbst. Die Gefühle, die wir dabei haben, bestimmen die weitere Entwicklung und die Qualität unserer Zukunft. Es ist von wesentlicher Bedeutung, dass dieses Aussortieren und Abgeben achtsam und liebevoll geschieht.

Wir sollen unsere Dinge nicht wegwerfen oder wegschmeißen oder gar raushauen. Wer ausmistet und das alte Gerümpel wegwirft, geht grob mit den Dingen um und lädt damit Grobheit in unser Leben ein. Viel sanfter ist es, wenn wir Dinge aussortieren und weitergeben oder wegtun.

Beim Ausräumen und Abgeben ist es hilfreich, das Öffnen und Loslassen der Hände immer wieder neu zu spüren und gleichzeitig bewusst zu sagen: »Ich lasse los«. So setzen wir den Gedanken des Loslassens immer wieder neu gleich in die Tat um. Diese Übung hat eine stark befreiende Wirkung. Der Körper merkt sich dann, dass Loslassen angenehm und befreiend ist. Das Loslassen gelingt dann auch sonst im Alltag leicht.

Die Kombination dieser handfesten, körperlichen Aufgabe mit der mentalen Übung mit den Wörtern und Redewendungen hat eine starke Wirkung. Dabei ist es wichtig, sich auf das innere Fühlen des Loslassens einzulassen. Dies gilt sowohl für die körperliche Übung als auch für die Wirkung der Sprache. Auf diese Weise kommen Körper, Seele und Geist in Einklang. Damit werden wunderbare und heilsame Kräfte frei.

Die Lethargie auflösen

Angelika hatte die Lethargie ihres Mannes am meisten belastet. Nach den Übungen, die sie bereits kennen gelernt hatte, zeigte ich ihr eine weitere. Ich gab ihr ein Blatt Papier und einen Stift und bat sie, das Wort ›Lethargie‹ in großen Druckbuchstaben untereinander auf die linke Seite des Blattes zu schreiben. So ging sie von ihrem Stress-Auslöser aus und zerlegte ihn in seine Bestandteile. Von oben nach unten war nun das Wort ›Lethargie‹ zu lesen. Daraus machten wir nun etwas Neues.

Für jeden Buchstaben sollte sie als nächstes ein harmonisierendes Wort finden, das mit diesem Buchstaben beginnt. Sie wählte für jeden Buchstaben ein Wort, das ihr ein angenehmes Gefühl gab. So standen bald mehrere ganze Wörter untereinander: lustig, Engel, talentiert, hübsch, anmutig, Rose, Glaube, Ideal, Ehering. Das waren Ihre Assoziationen zu den einzelnen Buchstaben.

Es fiel gar nicht mehr auf, dass wir von Lethargie ausgegangen waren. So schwand die Lethargie aus dem Blick und durfte doch da bleiben. Diese Übung ist eine Möglichkeit, die bestehende Speicherung zu einem Thema zu wandeln. Als nächstes bat ich Angelika, die neuen Wörter in ihren Körper einzuspeichern: »Nehmen Sie bitte beide Hände und legen Sie

sie locker auf Ihren Bauch. Dann sagen Sie nacheinander jedes Wort laut, fühlen seine Bedeutung und schreiben es Buchstabe für Buchstabe mit der Nase in die Luft. Gehen Sie mit den Augen mit. Setzen Sie nach jedem zweiten oder dritten Buchstaben wieder neu an. Achten Sie darauf, dass Sie Ihren Hals nur so weit zur Seite drehen, dass es Ihnen bequem ist.«

Sie schrieb ein Wort nach dem anderen in die Luft und bewegte die Augen mit. Das dauerte eine Weile.

Diese Übung ist mit offenen oder auch mit geschlossenen Augen möglich. Sie hat eine kraftvolle Wirkung. Es ist gut, sich dafür Zeit zu geben.

Mit den Kopfbewegungen kreuzte sie wiederholt die Mittellinie. Das regt die Zusammenarbeit der beiden Gehirnhälften an. Gleichzeitig brachte sie die Augen durch die Blickfolge in verschiedene Positionen. Die Blickstellung nach oben spricht das Bildgedächtnis an, der Blick zur Seite aktiviert das Hörgedächtnis und der Blick nach unten das Bewegungsgedächtnis. So speicherte sie mit dieser scheinbar so einfachen Übung die neue Information in zahlreiche Bereiche des Gehirns ein. Der beschriebene Ablauf erleichtert das dauerhafte Einspeichern.

Loslassen bringt die Wende

Als ich Angelika das dritte Mal sah, war ihre Stimme noch wesentlich kräftiger geworden und ihre Haut deutlich rosiger. Sie lachte mich gleich an und sagte: »Mit dem Ausräumen ist einiges in Bewegung gekommen. Ich habe es auch so gemacht, wie Sie es gesagt haben und dabei immer wieder gemurmelt ›ich lasse los‹. Da kam ich mir anfangs zwar etwas komisch vor, aber es hat ja keiner außer mir gehört! Ja, und jetzt fühle ich mich wesentlich freier! Wie gut das getan hat! Ich habe schon oft ausgeräumt. Aber dieser kleine Satz hat die entscheidende

Wende gebracht! Dadurch hatte das Abgeben eine andere Qualität. Das war richtig gut!«

Sie erzählte, dass das Zusammenleben mit ihrem Mann noch einfacher geworden sei. »Ich ruhe jetzt viel mehr in mir. Es gibt keine bösen Worte mehr. Konstruktive Auseinandersetzungen haben wir freilich. Die gehören ja auch zum Leben. Ich kann es ihm jetzt viel eher sagen, wenn mir etwas nicht passt, weil ich es in einem anderen Ton sagen kann als noch vor ein paar Wochen. Ich finde es noch immer ein bisschen schade, dass er keinerlei Interesse hat, ein Seminar zum Thema Gesundheit zu besuchen oder mit einem Heilpraktiker Kontakt aufzunehmen. Aber ich kann es jetzt besser seine freie Wahl sein lassen. Jetzt wundert er sich schon bisweilen, dass ich nicht mehr so anspringe. Ja, mit dem Sohn geht es auch viel besser. Die Art, in der wir drei jetzt miteinander umgehen, ist einfach herzlicher geworden.« Sie strahlte, als sie das erzählte. Sie hatte wirklich viel erreicht in kurzer Zeit. Ich freute mich mit ihr von ganzem Herzen.

Angelika hat den Mut gehabt, sich auf das Loslassen einzulassen. Das ist ein großer Schritt, und er braucht viel Mut. Wenn er einmal getan ist, dann ist da nur noch Freude! Angelika ließ ihren Mann und ihren Sohn los. Und schon kamen alle drei viel besser miteinander aus. Es war nicht mehr wie vorher. Da war frischer Wind hereingekommen. Wie frisch gelüftet!

Alles kommt in Bewegung

In einer Beziehung können alle aneinander ziehen. Sie hängen aneinander und ziehen aneinander. So hat keiner die Freiheit, sich selbständig zu bewegen. Bei einer Partnerschaft gehen beide Partner ihre eigenen Wege und können miteinander schwingen. Das ist eine völlig andere Qualität als eine

Beziehung. Für manche Menschen ist diese Freiheit am Anfang so neu, dass sie sich für sie erst einmal fremd anfühlt.

Wenn das Ziehen in einer Beziehung aufhört, dann kann sich das wie Entzug anfühlen. So erging es Angelika am Anfang. Sie orientierte sich neu und fühlte sich auf eine ganz und gar ungewohnte Weise frei. Es war am Anfang wirklich wie Entzug. Vor allem entglitt ihr die Kontrolle über ihren Mann.

Nach ein paar Wochen rief sie mich an: »Ich habe mehr erreicht, als ich wollte! Ich mache jetzt erst einmal eine Pause! Jetzt geht mir alles zu schnell!«

»Was ist denn los?«, fragte ich sie.

»Alles ist im Umbruch! Mein Mann besucht ein Seminar nach dem anderen und will mich überallhin mitnehmen. Und er hat einen Heilpraktiker gefunden, dem er voll vertraut, wo er doch davon nie etwas hatte wissen wollen! Und ich soll da jetzt auch hin. Er macht genau das mit mir, was ich dreißig Jahre mit ihm gemacht habe! Oh das ist wundervoll. Und gleichzeitig ist es schrecklich! Mein Mann ist in Bewegung gekommen! Und wie!«

Ich wusste erst nicht, ob ich laut lachen oder mit ihr fühlen sollte. Ich lachte dann herzlich. »Das ist stark! Sie sehen, Energie geht nicht verloren. Ihre Energie der letzten dreißig Jahre trägt jetzt Früchte. Es scheint jetzt nur alles zu schnell zu gehen. Ich biete Ihnen eine kleine, wesentliche Korrektur in Ihrem Denken an. Mit ihr kann die Entwicklung sanfter werden!«

»Und wie geht das?«

»Als Erstes sagen Sie ein ehrliches Ja zu dem, was ist. Nehmen Sie es in Ihr Herz. Indem Sie es annehmen, wird es leichter und ruhiger. Gehen Sie mit den Wellen des Lebens. Dann tragen sie Sie. Und wenn Sie sich Ihnen widersetzen, dann machen Sie sich mit Ihrem Widerstand das Leben schwer.

Und als Zweites mag ich Sie auf eine Formulierung aufmerksam machen. Darf ich das?« Sie war einverstanden, und so sprach ich weiter: »Sie sagten, dass bei Ihnen alles im Umbruch sei. Hören und fühlen Sie diesen Satz. Da fallen und stolpern Sie über die herumliegenden Brocken.

Erlauben Sie sich eine sanftere Entwicklung. Sie können durch eine bewusste Wortwahl die Intensität der Entwicklung beeinflussen. Schwingen Sie bewusst weich und wählen Sie dafür eine entsprechende Formulierung. Ich biete Ihnen eine an: ›Bei mir ist alles in Bewegung gekommen.‹ Angelika schrieb sich diese Formulierung auf und probierte, wie sie sich anfühlte. Sie empfand sie als sehr viel weicher als ihren Umbruch.

»Es gibt noch etwas, womit Sie es sich leichter machen können! Wollen Sie es auch wissen?« Sie lachte und forderte mich auf, weiter zu reden. »Freuen Sie sich und seien Sie dankbar, dass Sie auf so sanfte Weise so viel erreicht haben! Dankbarkeit ist ein Universal-Lösungsmittel für viele Herausforderungen des Lebens. Sie lösen sich dann leichter! Damit können Sie die Wellen leichter nehmen!«

»Sie und Ihre Wortspiele! Die sind manchmal genial und lustig!« Angelika lachte wieder und ich lachte mit: »Das finde ich auch! Sprache ist für mich Werkzeug und auch Spielzeug!«

Wir redeten noch miteinander von dem Mut, den sie brauchte, sich auf das Schwingen einzulassen. Das Leben ist ein beständiges Weiterschwingen. Es folgt einem inneren Rhythmus. Wir finden dieses Schwingen überall in der Natur: im Kornfeld, das der Wind bewegt, auf den Wellen des Meeres und in der ewigen Wiederkehr von Werden und Vergehen im Rhythmus der Jahreszeiten. Die meisten Menschen haben Angst, wenn eine Welle dem Ende entgegenzugehen scheint. Doch haben Wellen weder Anfang noch Ende. Das ganze Meer bewegt sich einfach. Es sieht nur so aus, als ob es Anfang und Ende gäbe. Mitschwingen heißt die Lösung und auf den Wellen reiten!

Angelika hat sich eine für sie neue Leichtigkeit und innere Freiheit eröffnet, indem sie damit begann, bewusst die Schwingung der einzelnen Wörter und Sätze zu hören und zu spüren und sich von ihrer Kraft tragen zu lassen. Es war für sie noch immer neu, außen loszulassen und den Halt in der eigenen Mitte zu finden. Sie blieb dran, glücklich und dankbar, mit LINGVA ETERNA® die ewig währende Kraft der Sprache erkannt zu haben.

Ein Jahr später ließ Angelika mich grüßen. Es geht ihr gut. Ihr Leben ist lebendig geworden, und sie hat neuen Schwung. Und ihr Mann auch!

Erfrischende Tipps

- Schaffen Sie sich ein »Wortschatzbuch« an und schreiben Sie neben alte, einengende Formulierungen eine oder mehrere neue, wohltuende Formulierungen.
- Wer immer leise spricht, ist nicht höflich, sondern anstrengend.
- Zurückhalten hält etwas zu und staut. Sagen Sie, was Sie wirklich meinen. Angelika sagt: Ich lasse ihn!
- Der Daumen-Ringfinger-Griff hilft Ihnen, mit Emotionen souverän umzugehen. Sagen Sie in einem ruhigen Ton, was Sie sagen wollen.
- Mit ›eigentlich‹ machen Sie sich Hintertürchen auf. Durch diese entweicht Ihre Energie. Streichen Sie ›eigentlich‹ aus Ihrer Sprache! Ihr Partner weiß dann eher, was Sie wirklich sagen wollen.
- Solange Sie an jemanden hängen, kann der- oder diejenige Sie abhängen. Sagen Sie lieber: Ich habe ihn oder sie lieb. Das macht beide Seiten frei.

- Lösen Sie Stress auf: Schreiben Sie das stressauslösende Wort in großen Buchstaben untereinander und schreiben Sie jeweils neben diese Buchstaben ein angenehmes Wort, das mit diesem Buchstaben beginnt. Legen Sie die Hände auf den Bauch und schreiben Sie die neuen Wörter der Reihe nach mit der Nase in die Luft.
- Geben Sie liebevoll alles ab, was Sie nicht glücklich macht. Sagen Sie gleichzeitig: »Ich lasse los.«
- Regulieren Sie das Tempo. Sagen Sie statt »Alles ist im Umbruch«: »Alles ist in Bewegung.«

Powerfrau Carolyn

Es war bei einem Vortrag. Das Thema des Abends war die Sprache: »Deutlich reden, wirksam handeln – Kindern zeigen, wie Leben geht.« Ich sprach von der Wirkung der Sprache und davon, dass das Glück und Wohlergehen des einen seine Sprache ebenso prägen wie der Misserfolg, der Stress und die Probleme des anderen die seine. So hat der Erfolgreiche eine andere Ausdrucksweise als der Pechvogel. Ich behauptete weiter, dass jeder die Möglichkeit hat, mit einem geänderten Denken seine Lebenssituation günstig zu beeinflussen.

Der Vortrag war gut besucht und die Stimmung angenehm. Anschließend bestand die Gelegenheit, Fragen zu stellen. Carolyn, etwa Mitte dreißig, meldete sich zu Wort.

Mit Sprache dem Leben eine Wende geben

Carolyn saß etwa in der Mitte des Vortragssaales. Sie fühlte sich von vielem angesprochen, mit manchen Äußerungen konnte sie jedoch nichts anfangen. Sie meldete sich, stand auf und sagte erregt: »Ich will ja gerne in meinem Leben etwas ändern. Ich habe viele Probleme und damit viel Stress. Doch nehme ich es nicht hin, dass sie hausgemacht sind! Wenn ich sie mit etwas anderem Denken und Sprechen ändern kann, dann bin ich ja auch schuld an allem. Das habe ich lange genug gehört. Das können Sie mir nicht erzählen!«

Bei mir kam jede Menge Druck an, und ich konzentrierte mich einen Augenblick lang auf meine Atmung, um in meiner Mitte zu bleiben.

Dann antwortete ich: »Sie sprechen von Schuld, ich nicht. Die Probleme und der Stress sind da. Es ist so. Jetzt stellt sich die Frage, ob und wie Sie die belastende Situation für sich und die anderen Beteiligten erleichtern können. Ich bringe Ihnen eine gute Nachricht: Mit der Kraft der Sprache haben Sie die Möglichkeit, Ihrem Leben eine Wende zu geben, hin in die Richtung, die Sie erleben möchten.«

Sie sprang richtig an. Es klang fordernd, als sie sagte: »Das müssen Sie mir erklären, wie das gehen soll!«

Ich antwortete ihr so gut als möglich und ergänzte: »Wenn Sie es genauer wissen wollen, dann kommen Sie bitte zu mir. Ich biete Ihnen an, mit Ihnen zu arbeiten und Sie anzuleiten!«

»Das mache ich!«, war ihre Antwort, und sie setzte sich wieder hin. Aufgeregt redete sie mit ihren Nachbarinnen weiter.

Ein Arzt, der sie kannte, sprach mich später an, als beinahe alle gegangen waren, und sagte: »Das ist die Mutti von einem hochbegabten Kind! Damit ist sie für mich eine hochbegabte Mutti. Ich bin neugierig, was die Sprache ihr bringt. Sie ist bei allem sehr willig, nur eben anstrengend.«

»Wir werden es sehen!«, sagte ich.

Einige Tage danach rief Carolyn mich an. Ihr Anliegen war es, nach Jahren der Überforderung und Aufregungen mit den noch jungen Kindern endlich Ruhe und Stabilität in die Familie zu bringen. So wie es war, konnte es nicht mehr weitergehen.

Erst vier Wochen später hatte ich einen freien Termin für sie. Carolyn konnte diesen Tag kaum erwarten. Sie wollte so gerne schon vorher damit beginnen, an ihrer Sprache zu arbeiten. Ihr war an jenem Vortragsabend bewusst geworden, welche Möglichkeiten sich ihr mit LINGVA ETERNA® auftaten.

Ich fragte sie: »Haben Sie Lust, schon einmal selbständig die Kraft der Sprache zu erleben?«

»Na klar!«, war ihre spontane Antwort.

»Ich biete Ihnen an, jede Woche einmal zwanzig Minuten mit mir zu telefonieren. Ich werde Ihnen dann jeweils konkrete Anregungen für die nächste Woche geben!«

Letztlich hat sie in einer bemerkenswerten Geschwindigkeit und mit einer großen Zielgenauigkeit ihre Anliegen in Ordnung gebracht. Sie hatte ein hohe Bereitschaft und viel Power. Sie wusste nur nicht, wohin damit. In der Sprache fand sie ein Handwerkszeug, das sie gezielt und in ihrem eigenen Tempo einsetzen konnte. Das war genau das Richtige für sie.

Insgesamt durfte ich Carolyn etwa neun Monate lang mit Beratungen und Seminaren begleiten und dabei erleben, wie sie immer stabiler wurde und zusehends aufblühte. Noch heute habe ich einen lockeren Kontakt mit ihr und freue mich von ganzem Herzen, dass in ihrer Familie die ersehnte Stabilität eingekehrt ist und Bestand hat.

Weniger »müssen« sagen

Bei unserem ersten Telefongespräch fragte ich sie, ob sie von dem Vortragsabend schon etwas mitgenommen und ausprobiert habe.

»Ja, mir ist das ›müssen‹ in Erinnerung geblieben. Sie haben bei dem Vortrag gesagt, dass Menschen, die viel Stress haben, den Stress so richtig in Gang halten, indem sie häufig ›müssen‹ sagen. Sie haben damals behauptet, dass Stress-Menschen, wie Sie sie nennen – und die Formulierung hat mich schon aufgeregt! – es nicht einmal merken, wenn sie ›müssen‹ sagen, und dass sie auch mit Vorliebe alles schnell machen. Darauf habe ich bei mir und bei anderen geachtet. Das stimmt! Man sagt das wirklich oft. Und dann habe ich probiert, das ›müssen‹ wegzulassen. Das ist schwierig!«

Ich fand es großartig, dass sie die Anregung aufgegriffen und gleich in ihren Alltag umgesetzt hatte. Ihre Bereitschaft, etwas zu tun, war bemerkenswert.

»Wie ging es Ihnen damit?«, fragte ich sie.

»Damit ging es mir sehr gut. Abgesehen davon, dass ich manchmal kaum noch weiter reden kann, weil ein ›schnell‹ dem anderen folgt und erst recht ein ›müssen‹ dem anderen. Ich probiere jetzt, bewusst die ›müssen‹ wegzulassen, weil sie anfangen, mich zu stören. So viel ›muss‹ macht doch keinen Sinn. Oftmals sagt man es ja nur aus Gewohnheit!«

Ich fragte weiter: »Haben Sie schon eine Wirkung beobachtet? Lassen der Stress und die Hektik nach?«

»Etwas. Ich merke jetzt, dass man sich den Stress teilweise wirklich selber macht. Mir war das nicht bewusst gewesen. Ich strahle ihn mit meiner ›Muss- und Schnell-Sprache‹ aus und bringe damit auch in mein Umfeld Unruhe. Mein Mann sagt oft: ›In der Ruhe liegt die Kraft!‹. Ich glaube, ich beginne zu verstehen, was er damit meint und auch, wie man dahin kommen kann.«

Carolyn begann, ihre eigene Sprache zu entdecken. Damit begann sie auch sich selbst zu entdecken. Sie hatte nun eine Möglichkeit gefunden, aktiv zu werden, ohne irgendwelche äußerlich sichtbaren Aktivitäten ergreifen zu müssen. So konnte sie ihre Energie kraftvoll einsetzen und gleichzeitig die Ruhe bewahren.

Die »Wischiwaschi-Sprache«

»Ich habe das Empfinden, dass Sie die Anregung mit dem ›müssen‹ und ›schnell‹ schon gut in Ihren Alltag integrieren können. So biete ich Ihnen eine weitere Anregung für Ihre Sprache an. Wollen Sie sie hören?«

»Ja, gern. Was haben Sie denn so für mich?« Sie lachte und kicherte fröhlich ins Telefon. Ich mochte ihre frische Art.

»Lassen Sie uns mit der Wischiwaschi-Sprache beginnen. Zur Wischiwaschi-Sprache gehört alles, was die Aussage verwischt. Das sind die ›vielleicht‹, die ›eigentlich‹, die ›irgendwann‹ und ›irgendwie‹, die ganzen ›könnte‹-, ›hätte‹-, ›sollte‹- und ›würde‹-Formulierungen und auch das ›man‹. Die Wischiwaschi-Sprache ist immer ein großer Erfolgsverhinderer. Sie ist die typische Sprache des etwas schwammigen Menschen, der sich nicht gerne festlegt und auch nicht so genau weiß, was er vom Leben möchte. Es lohnt sich immer, die Wischiwaschi-Sprache anzugehen.

Viele Menschen haben aus reiner Gewohnheit ihre Art zu sprechen beibehalten. Sie reden genauso, wie sie es als Kinder und Jugendliche von ihren Eltern und Lehrern gelernt haben. Mit der gewohnten Ausdrucksweise halten sie alte Denkmuster und damit Handlungs- und Lebensmuster aufrecht. Sie aktivieren sie mit ihren Sprachgewohnheiten immer wieder neu. Dies gilt auch dann, wenn sie durch ihre Entwicklung schon ganz andere Einstellungen und Sichtweisen entwickelt haben. Die gewohnte Sprache hinkt der Entwicklung eines Menschen oft um Jahre und Jahrzehnte nach und stört in der Folge seine Entfaltung und Weiterentwicklung.

Das ist bei Ihnen aus meiner Sicht genauso. Bei Ihnen erlebe ich eine Diskrepanz zwischen Ihrem Verhalten und Ihrer Art zu sprechen.«

»Das ist gut möglich. Darauf habe ich noch nie geachtet. Ich hatte auch keine Idee, dass ich darauf achten soll! Das ist doch kaum zu fassen. Was glauben Sie, wie viele Therapien wir schon erlebt haben. Niemand hat uns darauf aufmerksam gemacht!« Carolyns Frust kochte hoch. Ich konnte mit ihr fühlen.

»Ich glaube Ihnen das. Ich kann wirklich mit Ihnen fühlen. Der Ärger und die Empörung helfen Ihnen nicht weiter. Damit ziehen Sie sich nur herunter, und Sie geben Energie in das, was Sie nicht erleben wollen.

Lassen Sie uns lösungsorientiert denken und fühlen. Mein beständiger Satz heißt: ›Es ist, wie es ist. Was machen wir jetzt?‹ Nun haben Sie etwas gefunden, das Ihnen aus dem Hamsterrad heraus hilft.

Meine konkrete Anregung für Sie heißt: Gehen Sie aktiv die Wischiwaschi-Sprache mit all den Füllwörtern an. Sie haben Sie aus reiner Gewohnheit in Ihrer Sprache noch drin. Diese Wischiwaschi-Sprache passt gar nicht zu Ihnen oder besser gesagt: nicht mehr zu Ihnen. Sie ist eine Erinnerung an frühere Zeiten aus Ihrem Leben. Ich erlebte Sie bei dem Vortragsabend als selbstbewusst und, ja, ein wenig forsch. Das war mein erstes Bild von Ihnen. In Ihrer Ausdrucksweise nehme ich wahr, dass Sie wiederholt ›man‹ sagen und ›ich‹ meinen. Das ist ein Hinweis darauf, dass Sie mindestens früher kein oder kaum Selbstbewusstsein hatten. Hier kommt Ihr altes Verhaltens- und Denkmuster durch.«

Carolyn ließ diesen Gedanken auf sich wirken und zeigte sich dann ganz ehrlich: »Da haben Sie einen Volltreffer gelandet!«

Nach einer kurzen Pause erkannte sie etwas Wesentliches: »Wenn meine neuen Erkenntnisse, Einsichten oder wie auch immer in Widerspruch stehen zu meinen gängigen Redewendungen, die noch von meinen alten Denkmustern geprägt sind, dann kommt da ein Durcheinander heraus. Dann komme ich von alten Themen nicht los. » Sie lachte auf.

»Genauso ist es!«, antwortete ich ihr. Carolyn lernte schnell.

»Es ist lohnend, sich die Wirkung von ›man‹ und von ›ich‹ bewusst zu machen. Es ist allgemein üblich, Sätze mit ›man‹ zu bilden. Dabei bedeutet ›man‹ vielfach ›ich‹ und wird ebenso wie das ›muss‹ und andere Redewendungen nur gewohnheitsmäßig gebraucht. ›Man‹ ist jeder, der gerade gemeint wird. ›Man‹ bezeichnet die Masse ebenso wie den Einzelnen, der sich seiner noch nicht bewusst ist. Es ist bisweilen bequem, ›man‹ zu sagen und sich mit seiner Meinung an der angeblichen oder tatsächlichen Meinung der Masse anzulehnen. Daraus ergeben sich Äußerungen wie ›das macht man bei uns im Betrieb so‹ oder ›man sieht das hier nicht‹. Versteckter als der Nominativ ist der Dativ von ›man‹. Das klingt dann so: ›Das gefällt einem nicht‹ oder ›das tut einem gut‹. Das Entsprechende gilt für den Akkusativ ›einen‹.

Wer ›man‹ häufig in seinem Sprachgebrauch hat, signalisiert damit auf einer unbewussten Ebene Unsicherheit und Inkompetenz, auch wenn er oder sie dieses Signal nicht geben möchte. Dieses Signal kommt beim Gesprächspartner an. Wenn das allgemeine Auftreten das Gegenteil annehmen lässt, entsteht das Gefühl der Irritation. Sie ist für beide Seiten nicht bewusst greifbar und daher besonders hinderlich.

Und mehr noch: Wer häufig ›man‹ sagt, lädt sein Umfeld ein, über ihn zu bestimmen und ihn sogar zu manipulieren. Es ist eine logische Folge, dass er oder sie sich oft nicht für ganz voll genommen und geachtet fühlt. Wie kann dies auch anders sein, wenn das Signal sagt: Nehmt mich nicht so ernst, ich habe keine eigene Meinung!

Carolyn hörte aufmerksam hin und bestätigte meine Ausführungen: »Das ist einleuchtend. Man hat sich so an diesen Sprachgebrauch gewöhnt, dass man ihn gar nicht wahrnimmt. Das kann ich mir gut vorstellen!«

Ich unterbrach sie sanft. »Carolyn, haben Sie das gerade gemerkt?«

»Was?«

»Sie haben gleich zwei Mal ›man‹ gesagt.«

»Ja? – Das habe ich nicht bemerkt!« Dann lachte sie. Ich mochte ihren Humor. Sie konnte herzlich über sich selbst lachen. Ihr Lachen war ansteckend. So lachten wir beide.

»Am besten machen Sie sich bewusst, was für einen Unsinn Sie mit Ihrem andauernden ›man‹ aussenden und damit in Ihr Leben einladen. Sie wollen doch bestimmt der Welt nicht glauben machen, dass Sie keine eigene Meinung haben und nicht ernst zu nehmen sind.«

»Nein, natürlich nicht, aber das erlebe ich immer wieder!«

»Raten Sie einmal warum! Jetzt wissen Sie es ja schon fast!«

»Gut. Ich achte die nächste Woche auf ›man‹ und ersetze es durch ›ich‹ oder ›die Gesellschaft‹ oder wen ich gerade meine.«

Machen Sie sich's leicht!

Ich riet ihr, langsam vorzugehen und nicht gleich das Wort ›man‹ durch ›ich‹ zu ersetzen. Carolyn hatte verstanden, worum es geht und war gleich bereit, das bereits Erkannte zu tun. Hier war sie jedoch drauf und dran, einen wesentlichen Schritt auszulassen. Es ist von großem Nachteil, ein Wort einfach zu unterdrücken und es zu ersetzen. Dann würde sie nur eine Worthülse durch eine andere ersetzen, und das alte Denkmuster und die alte emotionale Speicherung blieben bestehen. Dadurch würde es schwer, an das der alten Ausdrucksweise zu Grunde liegende Denkmuster heranzukommen. Darum empfahl ich ihr, langsam vorzugehen und die Wirkung der einzelnen Wörter und Sätze wirklich zu fühlen und auf sich wirken zu lassen.

Der nächste Schritt bestand für Carolyn darin, ihre eigene Sprache und Ausdrucksweise einfach nur zu beleuchten und nichts zu ändern. Ich gab ihr die Aufgabe, darauf zu achten, ob und wie oft sie ›man‹ sagte. Sie sollte solche Sätze oder Satzteile langsam ein zweites Mal wiederholen und sich dabei jeweils die nachteilige Wirkung von ›man‹ bewusst machen. Die Folge ihrer gewohnten Ausdrucksweise war bislang, dass manche Menschen sie nicht für ganz voll nahmen und meinten, ihr Vorschriften machen zu müssen.

Sobald ihr bewusst wurde, in welchem Maße sie sich mit diesem ›man‹ selbst das Leben schwer machte, sträubte sich etwas in ihr, dieses Wort zu sagen. Sie empfand ein inneres Drängen, dieses Wort nicht mehr auszusprechen. In diesem Augenblick unterdrückte sie es dann nicht mehr. Jetzt erst war die Zeit reif für den zweiten Schritt: Carolyn sagt nun bewusst ›ich‹ und legte ›man‹ ab.

So kann ein kleines Wort eine Wende bewirken. Mit Sprache geschieht Schöpfung. Schon in der Bibel steht: »Im Anfang war das Wort.« Wörtlich übersetzt heißt es: Am Anfang war der Gedanke. Das Wort ist der stärkste Gedanke, denn in ihm beginnt er bereits Form anzunehmen. Er wird bereits formuliert.

Das klingt alles leicht und einleuchtend. Und doch merken die meisten Menschen nicht, was sie genau sagen. Kaum jemand ist in der Lage, den letzten oder gar vorletzten Satz wörtlich zu wiederholen. Inhaltlich ist der Gedanke noch klar präsent, jedoch nicht die Formulierung. Für die Struktur der Sprache haben wir kein natürliches Empfinden. Kaum jemand weiß beispielsweise, ob er in seinen letzten Sätzen Aktiv- oder Passivformulierungen gebraucht hat und ob er ›man‹ oder ›eigentlich‹ und welche weiteren Wörter er genau benutzt hat. Dabei spricht die Struktur der Sprache eine eigene Sprache und hat eine eigene Wirkung. Von hier kommen die vielen kleinen, unbewussten Signale, die unsere Kommunikation stören, ohne dass wir es direkt merken. Wir spüren dann nur die Auswirkungen und kennen die Ursache nicht.

Ich gab Carolyn einige einfache Anregungen, um ihrem unbewussten Sprachgebrauch auf die Spur zu kommen.

Eine dieser Anregungen besteht darin, immer wieder einmal die eigenen Sätze wortwörtlich zu wiederholen und dabei auf die Füllwörter und die Wortwahl zu achten. So wird es möglich, auch ein ›man‹ heraus zu hören, das bei normalem Sprechtempo erst nach einiger Übung und mit einem gut entwickelten Sprachbewusstsein wahrnehmbar wird.

Eine weitere Anregung ist es, seinen Partner, die Kinder oder andere Nahestehende zu bitten, auf jedes eigene ›man‹ oder ›einem‹ – was der Dativ von ›man‹ ist – zu achten und einen Hinweis zu geben. Kinder machen erfahrungsgemäß mit Freude mit. Sie sind wunderbare Lehrmeister für ihre Eltern und andere Bezugspersonen. Sie sind wache Beobachter und freuen sich, wenn sie uns etwas beibringen dürfen. Gleichzeitig werden sie auf diese Weise selbst für die Wirkung der Sprache sensibel. Ich sehe darin eine wunderbare Chance für Kinder. Sie tragen die neuen Erkenntnisse dann gleich weiter in den Kindergarten, die Schule und zu Freunden.

Noch leichter ist es, anfangs erst andere Menschen zu beobachten und auf deren Sprachgebrauch zu achten. Auch hier ist es hilfreich, sich immer wieder die nachteilige Wirkung einzelner Wörter und Formulierungen bewusst zu machen und angenehme Alternativen für sie zu finden. Dabei erwacht von selbst auch die Sensibilität für die eigene Sprache und den eigenen Sprachgebrauch. Ich bat Carolyn, keine Kommentare zu der Ausdrucksweise der anderen zu machen und ihren Mann und ihre anderen Lieben weiterhin so reden zu lassen, wie sie es bis jetzt getan haben.

»Machen Sie sich's leicht. Strengen Sie sich nicht an. Erlauben Sie sich auch die Freude, ihre Mitmenschen zu beobachten und auf ihre Sprache zu lauschen. Wenn Sie nur auf Ihre eigene Sprache achten, dann trauen Sie sich am Ende gar nichts mehr zu sagen!«

Carolyn bedankte sich für die Anregungen. Sie machte am Ende unseres Telefonats noch eine wesentliche Bemerkung:

»Sie geben mir so wertvolle Anregungen, die ich konkret befolgen kann, um meine Situation in Ordnung zu bringen. Es ist für mich verblüffend, dass ich Ihnen gar nicht ausführlich erzählen muss, was alles ist. Ich habe das schon so oft erzählen müssen! Und immer und immer wieder. Das empfinde ich als wohltuend!«

»Das freut mich! Mit der Sprache zeigt ein Mensch viel von sich, weit mehr, als ihm und den meisten Ärzten, Therapeuten und Psychologen bewusst ist. Wenn ich diese Signale aufgreife, dann kann ich direkt da ansetzen und schrittweise vorgehen. So komme ich zielsicher und schnell an den Kern.«

Im Alltag hoch konzentriert

Eine Woche später telefonierten wir zum dritten Mal. Carolyn hatte Norbert, ihrem Mann, von unseren Telefonaten erzählt, und sie hatten darüber ausführlich miteinander gesprochen. Er war erfreut, dass seine Frau sich mehr mit sich selbst befasste als nur mit den Schwierigkeiten, die um sie herum waren. Norbert empfand es als Erleichterung, dass sie dank der Achtsamkeit, die sie für die Sprache entwickelte, mehr bei sich war. Als Folge davon war sie deutlich gesammelter als früher und daher weniger schusselig.

Das wirkte sich auch im Alltag angenehm aus. Sie fand ihren Schlüssel jetzt fast immer gleich. Sie legte ihn nicht mehr gedankenverloren irgendwohin, wenn sie heimkam, sondern räumte ihn an seinen Platz. Damit hatte Norbert eine lästige

Aufgabe weniger: Es war bis dahin seine fast tägliche Aufgabe gewesen, eben diesen Schlüsselbund für seine Frau zu finden. Das ist zwar nur eine Kleinigkeit, doch besteht das ganze Leben nur aus unterschiedlich großen Kleinigkeiten. Oftmals sind es gerade die Kleinigkeiten, die die größte Wirkung haben. Das gilt auch in der Partnerschaft.

Da Carolyn nun mehr bei sich war, konnte sie auch für ihren Mann mehr da sein, nicht nur von der Zeitdauer her, sondern auch mit ihrer Aufmerksamkeit.

Kurzum, nicht nur Carolyn, sondern auch Norbert spürte, dass LINGVA ETERNA® ihr und bereits nach kurzer Zeit auch ihm sichtlich gut tat.

Raum für Lebensfreude schaffen

Carolyn war eifrig dabei. Ihre Konsequenz und Entschlossenheit waren es, die die Übungen so gut greifen ließen. Carolyn spürte die intensive Wirkung deutlich. Die Probleme waren noch da, doch fühlte sie sich viel besser! Sie fühlte sich ganz wörtlich besser. Sie fühlte sich wieder, sie fühlte ihren Körper und ihre Bedürfnisse. Sie spürte, dass es nun kraftvoll bergauf ging.

Dies geschieht immer dann, wenn ein Mensch wirklich mit sich in Kontakt kommt und dabei aktiv seine Gedankenkraft in Anspruch nimmt. Es lohnt sich immer, seine alten Denkmuster aufzuspüren und bewusst mit ihnen aufzuräumen.

Carolyn stellte ihr Denken auf den Kopf. Ihr Gehirn glich einer Baustelle. Sie sortierte schrittweise alte, einengende Redewendungen und Satzmuster aus und integrierte neue Redewendungen und neue Satzmuster, die ihr gut taten. Dabei stand sie noch am Anfang. Sie brauchte mehr Raum in ihrem Kopf und in ihrem ganzen Sein, wenn diese Entwicklung auch weiterhin leicht geschehen sollte.

In diesem Stadium tut es jedem gut, diesen erhöhten Platzbedarf bewusst wahrzunehmen und tatsächlich mehr Raum zu schaffen.

Darum gab ich Carolyn an diesem Tag keine weiteren Wörter, auf die sie achten konnte. Mein heutiges Augenmerk galt diesem Platzbedarf. Es galt, dem neuen Denken Raum zu schaffen. Das sollte ganz praktisch geschehen und ihr gleichzeitig das erleichtern, was sie sich gerade ersehnte.

»Was wünschen Sie sich im Augenblick am meisten?« »Ich wünsche mir wieder meine alte Lebensfreude. Ich lache so gerne. Doch diese alte Lebensfreude ist mir mit den ganzen Schwierigkeiten etwas verloren gegangen!«

»Gut«, sagte ich, »dann habe ich eine Anregung für Sie! Schaffen Sie sich ganz konkret Raum für Lebensfreude. Geben Sie alles ab, was Sie nicht glücklich macht! Nehmen Sie sich Körbe, Säcke und andere Behälter, geben diese Dinge hinein und bringen sie weg. Sagen Sie währenddessen immer wieder voller Freude: ›Ich schaffe Raum für Lebensfreude!‹ Fühlen Sie den Satz bitte auch! Wörter entfalten erst dann ihre wirkliche Kraft, wenn Sie sie auch bewusst fühlen und nicht nur denken und sagen!«

»Da habe ich gut zu tun!«, sagte Carolyn, »mein Keller ist ein einziges Chaos. Ich wollte ihn schon lange entrümpeln. Das passt gut!«

Dann sprachen wir miteinander vom Entrümpeln. Beim Entrümpeln kommt altes Gerümpel weg. Bei ›Gerümpel‹ stelle ich mir rostige Bettgestelle und defekte Fahrräder vor und alte, zerschlissene Sofas und kaputte Bilderrahmen. Carolyn empfand beim Gedanken an ihren Keller Gerümpel.

»Na gut, dann ist das für Sie im Augenblick Gerümpel. Es gab einen Zeitpunkt, da haben Sie diese Dinge gekauft oder sich schenken lassen. Dann haben diese Dinge Sie begleitet und haben nun ausgedient. Können Sie sich vorstellen, von alten Dingen zu sprechen statt von Gerümpel? Dann gehen Sie achtsamer mit den Schätzen von früher um!«

»Ja klar, das meine ich ja auch!«

Ich bat sie, die beiden Formulierungen jeweils einmal zu wiederholen und dabei ihre emotionale Speicherung wahrzunehmen: »Ich entrümpele. Ich entrümpele.« und danach: »Ich gebe alte Dinge weg. Ich gebe alte Dinge weg.« Das tat sie. Ihre Stimmkraft, die Tonlage und auch der Tonfall änderten sich mit der neuen Formulierung. Sie konnte das selbst gut erkennen:

»Da ist mir das Abgeben sehr viel sympathischer. Es ist weicher und bewusster.«

»Achten Sie beim Aufräumen Ihres Kellers bitte auf Ihre Gefühle. Fühlen Sie, dass Sie Raum schaffen für Lebensfreude! Die Ordnung des Kellers ist für mich ein angenehmer Nebeneffekt und nicht mein primäres Ziel.

Fühlen Sie das, was Sie erreichen wollen! Und haben Sie dabei bitte im Blick, dass die Kombination von Gefühl und Gedanke die größte schöpferische Kraft hat. Wenn Sie Lebensfreude ersehnen und Gerümpel denken und fühlen, dann gibt das ein Durcheinander bei Ihrer Bestellung ans Universum!

Nehmen Sie sich als Leitsatz beim Aufräumen: Ich schaffe Raum für Lebensfreude!«

»Gut, das ist angekommen. Ich achte auf die Qualität, die Wertigkeit der Handlung. Und diesen Satz sage ich immer wieder laut beim Ausräumen. Es ist ja gut, dass mich dabei keiner hört!«

Ich wünschte ihr eine muntere Woche und angenehme Resultate.

In der darauf folgenden Woche rief Carolyn mich wieder an. Dieses Mal suchte sie keine weitere Anregung Sie wollte mir einfach erzählen, dass sich alles bestens entwickelte. Sie war frohen Mutes, denn sie merkte, dass es nun aufwärts ging:

»Ich lache wieder häufiger! Nicht nur, wenn ich mit Ihnen telefoniere, sondern auch im Alltag! Und das freut meinen Mann ganz doll! In neun Tagen bin ich bei ihnen. Ich freue mich schon! Ich zähle schon die Tage!«

»Ja, bis dann, ich freue mich auch!« Wir lachten beide und legten auf.

Das »Problem Nummer eins«

Carolyn kam nach einer langen Fahrt erwartungsfroh herein, und ich führte sie in mein Beratungszimmer. Ich hatte ihr einen Tee gekocht. Wir machten es uns bequem. Ich ließ ihr erst etwas Zeit, so ganz anzukommen.

Sie genoss den Tee und erzählte von ihrer Familie, von ihrem Mann und von ihren gemeinsamen Kindern. Sie waren 7 und 9 Jahre alt. Ihr erstes Kind Paul war von klein auf ein Schreikind gewesen und reagierte schon immer außerordentlich sensibel auf Stress und Anspannung. Es gab in seiner Entwicklung immer wieder Aufregungen. Sie nannte ihn ihr ›Problem Nummer eins‹. Es gab häufig heftigen Streit zwischen den Geschwistern.

Carolyn betonte, dass ihr Mann voll hinter ihr und den Kindern steht und die Ruhe bewahrt. Dennoch schilderte sie die Situation als chaotisch, vor allen Dingen außer Haus. Es gelang ihr und ihrem Mann einfach nicht, Ruhe und Struktur in die Familie zu bringen. Und das, obwohl sie kaum berufstätig war und Zeit für die Kinder hatte. Sie arbeitete in geringem Umfang im Büro ihres Mannes mit.

Selbst wenn der Mann hinter seiner Familie steht, belastet eine solche Situation die Ehe. Es ist eine große Prüfung. Sie sprach liebevoll von ihrem Mann, ihren Kindern und auch ihrer Mutter.

»Für Sie ist Ihr Sohn Ihr Problem Nummer eins. So haben Sie ihn gerade genannt. Was heißt das für Sie?«, fragte ich Carolyn.

»Ja, das ist einfach unser Problem Nummer eins. Alles dreht sich darum. Es ist ja auch ein Riesenproblem. Mein Mann und ich, wir sprechen oft davon. Irgendwie müssen wir ja damit klarkommen. Es ist einfach unser Problem Nummer eins!«

»Die Schwierigkeiten glaube ich Ihnen. Die kann ich auch nicht aus der Welt schaffen. Ich kann Ihnen zeigen, wie Sie mit einem neuen Denken und mit einer neuen Ausdrucksweise Ihre Wirklichkeit beeinflussen können.

Als erstes stelle ich Ihnen eine Frage: Was meinen Sie, wie Peter sich fühlt, wenn seine Eltern ihn als ›Problem Nummer eins‹ sehen und benennen?«

So hatte sie die Dinge noch nicht betrachtet. Sie war etwas erschrocken. Nach einer kurzen Pause sagte sie:

»Schrecklich fühlt er sich!«

»Solange Sie ihn so sehen und auch noch so benennen, hat er gar keine Chance, da herauszukommen, egal, was Sie alles unternehmen, um es zu ändern! Wenn sich alles um das ›Problem Nummer eins‹ dreht, dann ist dieses Problem der Mittelpunkt, um den sich alles andere dreht, auch Sie. So können Sie ihre eigene Mitte nicht finden! Achten Sie auf das Wort ›Problem‹ und spüren Sie seine Wirkung. Mit einer neuen Formulierung können Sie Ihr Denken in eine andere Richtung lenken. Das wird Ihnen einen neuen Blickwinkel ermöglichen, auch für die derzeit noch bestehenden Schwierigkeiten.«

Carolyn schwieg und trank von ihrem Tee. Dann atmete sie tief durch.

»Liegt es dann doch an mir?«, fragte sie fast verzweifelt.

»Ich denke gar nicht so. Es ist, wie es ist. Ich habe gelernt, nicht mehr zu fragen: Warum? Es ist müßig. Wir drehen uns damit nur im Kreis. Ich frage: Wofür ist es gut? Es ist mir egal, an wem was liegt. Ich sehe immer nur die Chance, die jeder

Einzelne hat! Und die lassen Sie uns jetzt finden! Sie sind eine wunderbare, engagierte Mutter und Ehefrau. Sie bringen den vollen Einsatz, Sie geben alles. Mehr geht doch nicht!«

»Gut!« Carolyn schaute mich erleichtert an.

»Sie machen sich die Situation etwas leichter, wenn Sie diese als eine große Herausforderung sehen. Sie fordert Sie heraus und lässt Sie wachsen. Machen Sie sich den wörtlichen Sinn bewusst. Stellen Sie sich vor, wie Sie aus einem Raum herausgefordert werden. Anders ist es mit dem Wort ›Problem‹. Das Problem am Problem ist, dass jemand eine Situation oder einen Menschen als Problem sieht. Fühlen Sie auch dieses Wort und machen Sie sich seine Bedeutung bewusst. Begleiten Sie es bitte mit einer passenden Gestik und Mimik.« Carolyn sagte erst das eine und dann das andere Wort und wiederholte es jeweils einmal: »Problem – Problem – Herausforderung – Herausforderung.« Die Herausforderung war ihr wesentlich sympathischer. Bei dem Wort ›Problem‹ war sie immer kleiner geworden. Es drückte sie und zog sie herunter. Sie legte die Stirne in Falten und ihre Stimme wurde leidend. Bei ›Herausforderung‹ streckte sie sich sichtlich und wurde immer aufrechter. Die Stimme war wesentlich kräftiger. Sie fühlte das auch selber.

Tränen reinigen

Dann bat ich Carolyn, die alte Formulierung noch einmal aufzugreifen: »Sagen Sie bitte wiederholt ›mein Problem Nummer eins‹ und fühlen Sie bitte diese Aussage!«

Carolyn wiederholte einige Male: »Mein Problem Nummer eins, mein Problem Nummer eins, mein Problem Nummer eins, mein Problem Nummer eins ...« Am Anfang klang es fast sachlich, fast etwas flapsig. Sie war diese Formulierung sehr gewohnt. Doch nach dem dritten, vierten Mal wurde die mit diesem Wort in den Zellen gespeicherte Emotion hörbar und auch sichtbar. Sie stieg auf.

Das ›mein‹ trat deutlich hervor: MEIN Problem Nummer eins. Es war ihr Problem, ihres, und niemand durfte es ihr wegnehmen! Während sie das ›mein‹ betonte, begann auch ihr Körper deutlich mitzusprechen. Ihre rechte Hand bewegte sich heftig, und sie streckte fast aggressiv den Zeigefinger heraus, um den Wahrheitsgehalt ihrer Aussage zu betonen.

In diesem Augenblick weinte sie los: »Ich bin gar nicht so stark, wie ich aussehe. Alle behandeln mich als eine starke Frau, doch das bin ich nicht wirklich. Niemand glaubt mir das. Das überfordert mich noch mehr.«

»Weinen Sie ruhig! Tränen reinigen. Lassen Sie den Druck abfließen, der sich angestaut hat. Bleiben Sie bei sich und lenken Sie Ihre Aufmerksamkeit auf Ihre Atmung: einatmen – ausatmen – Pause – einatmen – ausatmen – Pause – einatmen – ausatmen.«

Ich begleitete sie mit meinem Atmen und ließ ihr Zeit. Nach einigen Atemzügen war sie ruhig geworden. Sie atmete noch einmal tief durch und wischte sich dann die Tränen aus dem Gesicht. Dann sagte sie: »Ich kann gar nicht begreifen, warum ich wegen so einem kleinen Wort los weine. Ich mache das nie vor anderen. Da wahre ich immer mein Gesicht.«

»Ich werde Ihnen das gleich erklären. Sagen Sie mir bitte erst, wie Sie sich jetzt fühlen!«

»Erleichtert! Sehr viel besser!« Ihre Augen leuchteten. Da war eine Art von Strahlen, das vorher nicht da gewesen war. Ihr Gesicht war rosig und gelöst. Gleichzeitig wurde eine leichte Müdigkeit sichtbar.

Die heilsame Wirkung von Wörtern

Mit jedem Wort haben wir Erinnerungen in Form von inneren Bildern, Gefühlen und Klängen gespeichert. Sie kommen hoch, wenn wir die Wörter langsam sprechen und bewusst wiederholen und dabei auf diese Empfindungen achten. Wir denken zu viel und haben verlernt, gleichzeitig zu fühlen. Kopf und Herz sind vielfach nicht mehr in Einklang. Das Herz darf wieder lernen mitzudenken, und der Kopf darf wieder lernen mitzufühlen. Sobald sie die gleiche Sprache sprechen, sind wir mit uns selbst wieder in Einklang. Auf dieser Basis sind harmonische Partnerschaften möglich.

Bei der Wendung ›mein Problem Nummer eins‹ hatte Carolyn viele schmerzliche Gefühle gespeichert und sie gut eingemauert. Darum kam sie am Anfang an diese emotionale Speicherung nicht heran. Sie hatte geglaubt, dass ›mein Problem Nummer eins‹ eine beinahe sachliche Information war. So half sie sich, um mit der schwierigen Situation einigermaßen klarkommen zu können. Mit der Zeit hatte sie sich eine starke Fassade geschaffen. Ihr war nur nicht klar, dass sie mit dieser Formulierung und den darin gespeicherten Informationen die schier unerträglich gewordene Situation aufrecht erhielt.

Sie konnte es sich nicht erklären, wieso das langsame und aufmerksam wiederholte Sprechen dieser Formulierung die Fassade von ihr streifte und die angestauten Emotionen hervortreten ließ. Dabei ist die Erklärung einfach. Mit dieser Formulierung hatte sie all die schmerzlichen Erinnerungen gespeichert. Beim normalen Sprechen dringen sie nicht an die Oberfläche des Bewusstseins. Dies geschieht erst beim Wiederholen und bewussten Hinspüren.

Carolyn konnte diese Emotionen leicht hervorholen, da sie einfach geschehen ließ, was geschehen wollte. Sie war bereit. So ging es ganz leicht, ohne jede Mühe und Anstrengung.

Ich bat sie, eine Hand dahin zu legen, wo sie diese Emotion in ihrem Körper spürte und dann ihren Atem für fünf Atemzüge dahin zu lenken. Sie tat es und spürte schon bald die Erleichterung.

So besteht nicht die Gefahr, von den Emotionen überschwemmt zu werden. Es genügt, die Emotion als solche wahrzunehmen. Es ist bei LINGVA ETERNA® Gott sei Dank, und ich meine das so, nicht erforderlich, nach dem Woher und Warum dieser Emotionen zu fragen. Es genügt, sie hervorkommen zu lassen, sie anzunehmen und im Übrigen auf der sprachstrukturellen Ebene anzusetzen. Die genannten Atemzüge helfen im Umgang mit starken Emotionen. Dies alles macht die Anwendung im Alltag leicht.

Als Carolyn ihre Standard-Formulierung ›mein Problem Nummer eins‹ als unbewusste Dauerbestellung für Probleme erkannt und die emotionale Speicherung hochgeholt hatte, war viel geschehen. Der große Schmerz war an die Oberfläche gedrungen und hatte abfließen können. Dieser Schmerz war mit dieser Formulierung gespeichert gewesen und wirkte, wann immer sie diese Formulierung sagte, als eine »Bestellkarte« für neue Situationen, in denen sie dieses schmerzliche Gefühl neu erleben konnte. Mit dem immer wieder neuen Erleben des Problems hatte sie eine Dauerbestellung in Gang gebracht. Mit der neu gewonnenen Einsicht taten sich ihr neue Möglichkeiten auf.

Carolyns Beispiel macht deutlich, dass Wörter, richtig eingesetzt, eine heilsame Wirkung haben können. Es sind wie bei Carolyn gerade die Standard-Redewendungen und Standard-Sätze, die auf eine oft überraschende Weise das zentrale Thema hervorbringen. Es lohnt sich immer, auffallende Redewendungen näher zu betrachten und sich ihre wörtliche Bedeutung bewusst zu machen. Das hat immer eine Aussagekraft. Die

Ausdrucksweise eines Menschen drückt immer etwas aus ihm heraus und macht es sichtbar und hörbar. Nicht immer ist dies etwas, was dieser Mensch freiwillig zeigt. Die Ausdrucksweise zeigt die Sprache der Gedanken.

Bloß keine Eigensabotage mehr!

Als nächstes zeigte ich ihr, welche Wirkung es hat, wenn sie ihren Mitmenschen von ihren Problemen erzählt oder deren Probleme anhört, ohne eine konkrete Lösung im Sinn zu haben. Ich bat sie, sich immer wieder neu die Kraft der Sprache bewusst zu machen und sich daran zu erinnern, dass sie mit ihren gedachten und ausgesprochenen Wörtern sekündlich und minütlich ihre Zukunft formt. Formulieren hat etwas mit formen zu tun. Wörter sind »Bestellkarten« ans Universum.

Diese Wirkung steigt erheblich, wenn jemand damit beginnt, diese Kraft für sich in Anspruch zu nehmen. Dann ist gleichsam die Kindersicherung für diese Kraft aufgehoben. Sie wirkt dann immer, an guten wie an schlechten Tagen. Konstruktive Gedanken und Gefühle werden dann ebenso ihre Antwort im Leben hervorbringen wie destruktive. So ist es auch mit dem leichtfertigen Sprechen von Problemen.

Es ist äußerst wichtig, nur noch dann von belastenden Themen zu sprechen, wenn dies eine Klärung oder Lösung näher bringt. Es ist von großem Schaden, Probleme leichtfertig zum Gesprächsstoff zu machen, nur weil jemand kein anderes Thema aufgreifen will. Die beim Sprechen und Hören empfundenen Gefühle und innerlich vorgestellten Bilder werden leicht zu einem Bumerang. Sie haben eine Wirkung auf das eigene Leben: Je intensiver das dabei empfundene Gefühl ist, desto kraftvoller wirkt es. Dies gilt auf die gleiche Weise auch für angenehme Gefühle und Bilder. Darum ist es in einer solchen Situation ratsam, die Aufmerksamkeit auf ein angenehmes Thema zu lenken.

Wörter sind und bleiben Bestellkarten ans Universum. Es dauert eine Weile. Dann ist das Thema wieder da in Form einer neuen Schwierigkeit, bei der dieser Mensch die gleichen Gefühle haben wird, nur noch intensiver als vorher, oder entsprechend natürlich auch in Form von neuem Glück und angenehmen Erfahrungen. Das steigert sich! Nur wissen die meisten Menschen nicht, was sie sich bestellen und wundern sich bei unangenehmen Erfahrungen, wenn die angeblich nicht bestellte Ware geliefert wird.

Wir dürfen uns einander selbstverständlich unsere Schwierigkeiten sagen, doch nicht, um sie dem anderen »raufzuhängen«. Dann geht es dem einen scheinbar gut, und der andere hat sie an sich hängen. Es ist gut, für den anderen ein offenes Ohr zu haben und ihm seine Aufmerksamkeit zu schenken. Doch soll immer der Blick auf die Frage gelenkt sein: Wie kann eine mögliche Lösung aussehen? Und: Will der andere wirklich eine Lösung finden und auch selbst dafür etwas tun?

Für Carolyn war dies alles neu. Ihre Augen wurden immer größer. Sie war wie vom Donner gerührt und sagte dann: »Abends, wenn die Kinder im Bett sind und die Küche aufgeräumt ist, setzen Norbert und ich uns ins Wohnzimmer oder gehen miteinander eine Runde durchs Dorf. Er fragt mich dann immer, ob es Probleme gab. Und dann erzähle ich von meinem Tag und von den Problemen, die ich hatte. Und dann frage ich, ob es bei ihm Probleme gab. Und er erzählt dann von seinen Problemen. Ist das dann falsch?«

»Es ist weder richtig noch falsch, Carolyn«, antwortete ich ihr. »Sie erzählen sich von dem, was Sie erlebt haben. Nur lenken Sie Ihre Aufmerksamkeit und damit Ihre Energie auf die Probleme. Damit schöpfen Sie sich neue Probleme. Sie haben doch schon genug davon! Erzählen Sie sich einfach, was Sie erlebt haben, von den Herausforderungen und auch von den schönen Dingen. Damit laden Sie weitere schöne Dinge in Ihr Leben ein! Auf diese Weise kommen Sie in eine höhere, leichtere Schwingung. Damit wird Ihre gemeinsame Zeit am Abend leichter und beschwingter.«

Carolyn strahlte mich an: »Das klingt gut! Das Ganze leuchtet mir ein. Es ist so logisch und so einfach. Es hat mir nur noch niemand gesagt!« Dann lachte sie ihr wunderbares Lachen und fügte an: »Mit der Einsicht von jetzt werde ich bestimmt nicht mehr nur von Problemen erzählen! Das ist ja Eigensabotage!«

Das, was ich bis jetzt gesagt hatte, ist wesentlich. Doch bekomme ich damit nur den Gipfel des Eisbergs zu fassen, der sichtbar ist, nämlich die Probleme, die bereits Gestalt angenommen haben.

Die Basis des Eisbergs ist das Problem-Denken, wenn von Problemen gar nicht die Rede ist. Das Wort ist dann selbstverständlicher Teil der Alltagssprache geworden und damit ein fundamentales Denkmuster, das danach strebt, Wirklichkeit zu werden. So bleibt der Kreislauf von Problem-Sagen und Problem-Erleben beständig in Gang. Das klingt fürs erste widersinnig. Doch macht ein Beispiel deutlich, dass es tatsächlich so ist.

In einem meiner Seminare war eine Frau, die mit ihren Schwiegereltern gut und mit den eigenen Eltern schlecht auskam. Sie sagte: »Mit meinen Eltern komme ich schlecht aus, mit meinen Schwiegerleuten ist es glücklicherweise problemlos«. Sie hätte auch sagen können: Mit ihnen komme ich gut aus. Doch kreiste ihr Denken um Probleme, sonst wäre es nicht so aus ihr herausgekommen. Als Folge ihrer inneren Einstellung lud sie Probleme ein. Sie hatte auch reichlich davon.

Eine andere Frau hatte ein ähnliches Beispiel gebracht. Sie hatte auf die Frage: »Wo hast du geparkt?« ganz spontan gesagt: »Das war kein Problem. Ich habe gleich vor dem Haus geparkt.« Carolyn erkannte sich wieder. Sie sagte: »Das sage ich auch, da denkt man – hoppla, da denke ich mir doch nichts dabei!«

»Das ›man‹ haben Sie jetzt von selbst bemerkt! Prima!« Carolyn sagte: »Ja, ich merke es schon oft, nicht immer. Und wenn ich es merke, dann bilde ich den Satz meistens noch einmal neu. Dieses ›kein Problem‹ sage ich bestimmt ganz oft. Da darf ich ja noch einiges in meiner Sprache umstellen!«

»Haben Sie Geduld mit sich! Erlauben Sie sich, dass diese Umstellung einige Zeit in Anspruch nimmt. Es geht ganz leicht. Gehen Sie Schritt für Schritt! Es ist äußerst effizient, an diesen Alltagsformulierungen anzusetzen. Dann setzen Sie nämlich dort an, wo Ihre Gehirnwindungen bis jetzt Ihrem Zugriff verschlossen waren! Das ist gleichsam die Programmierung der Festplatte.

Wenn Sie aufhören, Probleme zu denken, dann löst sich der nicht sichtbare Teil des Eisbergs auf und mit ihm letztlich auch die Spitze des Eisbergs. Der Gedanke ›Problem‹ löst sich dann auf und wird zu dem, was er war: reine Energie. Daraus können Sie dann das schöpfen, was Sie wollen. Denken und fühlen Sie etwas Neues, etwas, was Sie gerne erleben wollen! Wörter sind wirklich Bestellkarten ans Universum!«

Wir befassten uns noch eine Weile mit diesem Phänomen. Es war bemerkenswert, wie selbstverständlich der Gebrauch von ›kein Problem!‹, ›unproblematisch‹ und ›problemlos‹ war und wie leicht sich diese Formulierungen doch ersetzen oder sogar streichen ließen.

Der erhobene Zeigefinger

Carolyns Zeigefinger sprach immer dann mit, wenn sie aufgeregt war. Carolyn wusste es nicht. Und als ich sie darauf ansprach, behauptete sie sogar – mit nach vorne gestrecktem Zeigefinger! –, dass das nicht stimmt, weil sie sehr wohl weiß, was sie tut. Als ich lachte, stutzte sie.

Diese Gestik wirkt wie ein Angriff auf den Gesprächspartner. Mit dieser Gestik bringt sie sich aus ihrer Mitte. Außerdem weist bei dieser Handhaltung zwar ein Finger auf den andern, aber drei auf sie selbst. Damit geht der Schuss nach hinten hinaus.

»Sie stören mit dieser Gestik ihre Aussage, statt sie zu unterstreichen. Halten Sie eine Zeit lang beim Sprechen ihre Hände fest oder setzen Sie sich auf sie. Dann sprechen Sie keine andere Sprache als Ihr Mund.

Sie werden merken, dass Ihre Aussagen sehr viel kraftvoller werden, wenn Sie Ihre ganze Energie in die Sprache geben. Später können Sie dann wieder Ihre Hände mitsprechen lassen. Die Gestik wird auf diese Weise von selbst viel weicher sein.«

Es war ein Unterschied wie Tag und Nacht. Die Sprache wurde von jetzt auf gleich wesentlich kraftvoller und die Stimme deutlich ruhiger. Auch die Stimmlage änderte sich. Sie war viel angenehmer. Carolyn saß auch anders. Sie beugte sich nicht mehr nach vorne, sondern blieb gerade sitzen.

Mein Hinweis hat sie tief berührt. Sie achtete viel mehr auf die ungewollte Sprache ihrer Hände.

»Hier können Sie das gut so machen. Im Alltag geht das nur manchmal. Da können Sie sich mit einem auffälligen Ring helfen, den Sie sich auf ihren vorlauten Zeigefinger stecken. Jedes Mal, wenn Sie den Zeigefinger vorstrecken, werden Sie den Ring sehen! Dann können Sie sich selber stoppen und die Hand wieder an sich nehmen und mit erhöhter Aufmerksamkeit weitersprechen. Ich habe einen Ring am Finger, den ich Ihnen gerne für die Zeit, die Sie heute hier sind, anbiete, wenn Sie ihn dafür nehmen wollen!«

Sie nahm dieses Angebot an und fand den Ring schön: »Den mag ich! Den behalte ich am besten gleich!« Sie lachte gern. Die Variante mit dem Ring war ihr sympathischer, als sich immer dann auf ihre Hände zu setzen, wenn sie sprach. Sie hatte erkannt, um was es ging. Und Erkenntnis ist bekanntlich der erste Schritt zur Besserung.

Mit neuer Sitzordnung Ruhe in die Familie bringen

All die Anregungen, die ich Carolyn bis jetzt gegeben hatte, ließen sie spürbar ruhiger werden. Damit konnte sie auch auf ihre Familie mehr Ruhe ausstrahlen.

Ich hatte noch eine weitere Anregung für sie in meiner Schatzkiste. Sie hat nichts mit Sprache zu tun. Für die Sprache hatte ich ihr für diesen Tag genug mitgegeben.

Die Anregung, die ich ihr jetzt geben wollte, betrifft die Sitzordnung am Tisch. Damit kann sie bei jeder Mahlzeit ein klares Signal geben, einfach indem sie an die Tischordnung erinnert, falls sie einmal nicht beachtet wird. Diese Tischordnung erleichtert gezielt die Struktur und den inneren Halt in der Familie. Ich erlebe es bei zahlreichen Eltern, dass sie sehr wohl gewillt sind, ihren Kindern den erforderlichen Halt zu geben, dass sie aber nicht wissen, wie sie dies konkret machen können. Ihnen gebe ich immer diese Anregung. Viele Eltern haben mich später angerufen oder angeschrieben und mir davon berichtet, wie gut ihnen dieser Tipp getan hat. Bis dahin, dass die Kinder nachts gut schlafen.

Diese Tischordnung macht den Eltern und auch den Kindern tagtäglich bei jeder Mahlzeit die jeweilige Stellung innerhalb der Familie bewusst. Das tut dem Paar gut, und den Kindern gibt sie das Gefühl von Halt und Sicherheit.

Konkret sieht das so aus: Die Eltern sitzen nebeneinander, der Vater rechts und die Mutter links. Das hat etwas mit Yin und Yang zu tun. Die weibliche Körperseite ist links und die männliche rechts. Darum sitzt die Frau links und hat damit die männliche Seite auf der Seite ihres Mannes. Entsprechend hat der Mann seine weibliche Seite auf der Seite der Frau.

Die Eltern sitzen also nebeneinander, nie sitzt ein Kind zwischen den Eltern. Sie sind weder Kitt noch Puffer zwischen Vater und Mutter.

Es geht im Uhrzeigersinn weiter: Links von der Mutter sitzen die Kinder. Sie sitzen dem Alter nach. Dabei ist die besondere Position des Erstgeborenen zu achten. Das erstgeborene Kind, in Carolyns Familie also der Sohn, sitzt links von der Mutter. Das zweite Kind sitzt an seiner linken Seite. So geht es der Reihe nach weiter. So behält der Erstgeborene immer seinen Platz und fühlt sich in dieser Position innerhalb der Familie immer geachtet. Das kann sonst viel Unruhe bringen, insbesondere bei sensiblen Kindern. Und wenn der Vater oder die Mutter einmal beim Essen nicht da sind, dann bleibt ihr Platz frei.

Das jüngste Kind kann, je nach Tischgröße, dann schon wieder an den Vater anschließen. Doch sitzt es nicht in erster Linie rechts vom Vater, sonder links von der Mutter, in die Ordnung der Geschwister eingereiht.

Wenn die Kinder noch klein sind und beim Essen Hilfe brauchen, dann setze ich die Kinder auch in der Reihenfolge ihrer Geburt, nur mit dem Unterschied, dass das jüngste Kind links neben der Mutter ist und das nächst Ältere jeweils links davon sitzt. So kennt jedes Kind seinen Platz in der Geschwisterreihe und kennt auch klar die Position der Eltern. Wenn die Großeltern dabei sind, dann steht ihnen der Platz rechts von den Eltern zu. Die natürlichen Ordnungen der Liebe werden auf diese Weise sichtbar gemacht und geachtet. Das hat immer eine heilsame Wirkung.

Für allein erziehende Mütter füge ich an, dass der Platz des Vaters frei bleibt. Ein Kind, das diesen Platz einnimmt, wird damit überfordert und reagiert entsprechend. Bei allein erziehenden Vätern gilt das Gleiche.

Zur Tischordnung gehört auch die Ausgabe des Essens. Jeder nimmt sich nach Möglichkeit selber und ist für sich verantwortlich. Als erstes nehmen sich die Großeltern, wenn sie da sind, und danach die Eltern. Am besten nimmt sich erst der Vater und dann die Mutter das Essen. Das hat etwas mit der Würdigung des männlichen Prinzips zu tun. Die Kinder wachsen viel zu viel nur mit Frauen auf: Im Kindergarten sind es von wenigen Ausnahmen abgesehen nur Frauen und in der Grundschule weit mehr Frauen als Männer.

Wenn sich der Vater und die Mutter genommen haben, geht die Schüssel mit dem Hauptgericht an das erstgeborene Kind, dann an das zweitgeborene bis hin zum jüngsten. Das Jüngste nimmt sich als letztes. Die anderen warten, bis alle sich genommen haben und beginnen gemeinsam mit dem Essen. Oft höre ich das Argument, dass das Essen dann für den Kleinsten zu heiß ist. Dann wird dieser Teller am Anfang gefüllt und dennoch erst am Schluss vor das Kind gestellt.

Ich befürworte es, dass sich alle nach Möglichkeit selber ihr Essen nehmen. Die Kinder lernen dabei so viel an Handlungsplanung, Koordination und Sozialverhalten und an Grundlagen für die Kulturtechniken Lesen, Rechnen, Schreiben, dass dies eine ausführliche Erläuterung wert ist. Nähere Ausführungen habe ich in meinen beiden Büchern »Drück mich mal ganz fest. Geschichte und Therapie eines wahrnehmungsgestörten Kindes« und »Ach so geht das! Wie Eltern Lernstörungen begegnen können« dargelegt.

Carolyn war bis jetzt wie eine Glucke zwischen ihren Kindern gesessen, die Tochter links und der Sohn rechts, und rechts außen war der Mann. Der Sohn saß auf dem Platz, der dem Vater zusteht, und der Vater da, wo der Opa seinen Platz hat. Fürwahr verdreht! Und die Mutter saß am nächsten zur Küche, so dass sie andauernd aufspringen konnte. Das machte ihr Sohn ihr bei den Hausaufgaben nach. Er blieb nämlich auch nicht sitzen, wenn es Zeit zum Sitzenbleiben war.

Carolyn war von dieser Anregung begeistert. Sie leuchtete ihr ein. Gleich in den nächsten Tagen wollte sie sie aufgreifen und in die Tat umsetzen.

Das war genug für diesen Termin. Carolyn hatte mit dem Wort ›Problem‹ sowie seinen Ableitungen und mit der Tischordnung eine konkrete Hausaufgabe bis zum nächsten Termin. Beide konnten ihr in ihrem Alltag als eine Orientierung dienen und waren leicht machbar. Frohgemut mit konkreten Arbeitsanweisungen im Gepäck fuhr sie wieder nach Hause.

Offen mit den Kindern sprechen

Sie besprach gleich daheim mit ihrem Mann die neue Sitzordnung. Sie sprachen mit den Kindern und dann machten sie es. Sie, die Eltern, bestimmten nun die Plätze. Da sie selbst innerlich dahinter standen, machten die Kinder leicht mit. Diese Anregung hat der Partnerschaft gut getan und damit auch den Kindern. Der Sohn ist damit merklich stabiler geworden. Und die Geschwisterstreitigkeiten haben erheblich nachgelassen. Es ist jetzt klar, wer welche Position hat. Es muss nicht mehr darum gekämpft werden. Indem er stabiler wurde, nahm auch Carolyns permanente Anspannung ab. Nun war die verhängnisvolle Abwärtsspirale gestoppt. Es ging bergauf.

Ich empfehle Eltern immer, ihren Kindern ganz ehrlich zu sagen, wie sie zu der neuen Tischordnung gekommen sind. Beispielsweise so: Ich habe gestern gelernt, dass jedes Kind einen Vater hat und eine Mutter und dass sie zusammen gehören.

Deswegen setzen wir uns ab heute immer nebeneinander an den Tisch. Und dann habe ich erkannt, dass das älteste Kind einen ganz eigenen Platz hat. Deswegen sitzt du von jetzt an (wenn die Kinder schon etwas älter sind) links neben der Mama. Auch das zweite Kind hat einen ganz eigenen Platz. Dein Platz ist links von deinem großen Bruder. Und das dritte Kind hat auch seinen ganz eigenen Platz, der einfach ihm gehört. Der Platz ist der dritte in der Geschwisterreihe. Das ist mir erst jetzt klar geworden. Und deswegen werden wir unsere Sitzordnung ab der nächsten Mahlzeit entsprechend ändern.

Mit dieser Regelung lernen manche junge Eltern, als Paar ihre Führungsrolle innerhalb der Familie zu übernehmen. Das ist ein Lernprozess. Ich höre von etlichen Eltern, die diesen Rat aufgreifen, dass sie sich danach auch beruflich profilieren. Sie strahlen es aus, dass sie Verantwortung tragen können. Entsprechend werden sie behandelt.

Das Selbstwertgefühl mancher Frauen steigt damit erheblich an. Gerade dann, wenn sie sich bislang als letzte das Essen genommen und sich damit selbst als die Letzte behandelt haben. Kein Wunder, dass sie manchmal das Gefühl haben, dass sie nur für die anderen springen! Sie schaffen sich das durch ihr Handeln selbst.

Diese Anregung mit der Tischordnung kann in ihrem Wert gar nicht hoch genug eingeschätzt werden. Die Geschwisterstreitigkeiten hören erfahrungsgemäß nach ein bis zwei Tagen fast ganz auf, und auch jede Partnerschaft profitiert davon.

Mama, du bist anders geworden!

Als ich nach vier Wochen Carolyn beim Seminar wieder sah, war sie wie gewandelt. Sie war innerlich deutlich gefestigt, und sie sah ausgeruhter aus. Das bestätigte sie:

»Das bin ich auch! Es ist alles leichter geworden!«

Sie merkte, dass sie selbst an ihrer Situation etwas ändern konnte, auch wenn es äußerlich danach nicht aussah. Sie fühlte, dass sie selbst bestimmen kann, in welcher Richtung ihr Lebensschiff fährt. Das stimmte sie glücklich und froh. Dieses Mal war ihr Mann mitgekommen. Er wollte mich kennen lernen und sich selbst ein Bild von mir machen. Er hatte gemerkt, dass sich bei Carolyn seit ihrem ersten Besuch bei mir viel bewegt hat. Das beunruhigte ihn. Er wollte die Entwicklung mitgehen können. Sie hatte ihm gesagt: »Norbert, die alte Carolyn gibt es nicht mehr, die Carolyn, die immer von Problemen spricht. Du kannst mich nur neu entdecken und dich selbst auf das Neue einlassen!«

Norbert erzählte dann, was geschehen war, als Carolyn das letzte Mal nach Hause gekommen war. Peter, ihr Ältester, der bis vor vier Wochen ›mein Problem Nummer eins‹ gewesen war, schaute seine Mutter noch in der Haustür aufmerksam an und sagte dann: »Mama, du bist anders geworden!« Und nach einer Pause: »Das ist gut so.«

Norbert lehnte sich auf seinem Stuhl weit zurück, streckte die Beine nach vorn aus und verschränkte die Arme vor seiner Brust. Dann fügte er hinzu: Nicht nur Peter, auch ich habe festgestellt, dass Carolyn sich verändert hat. Nur bin ich mir nicht so sicher, ob das gut ist oder nicht. Ich möchte ja schließlich, dass wir zusammenbleiben! Ich gestehe, dass mir das etwas Angst macht!«

Ich dankte Norbert für seine Ehrlichkeit. Dann sagte ich:

»Carolyn hat sich nicht verändert. Das sind diese ver-Wörter, die bringen fast immer eine Fehlinformation. Sie hat sich nicht verändert. Sie hat angefangen, sich zu finden! Sie kommt nun immer näher an ihr wahres Wesen heran. Sie wird immer mehr strahlen und blühen. Ist ihre Entwicklung für Sie dann leichter zu nehmen?

Der Gedanke an eine Änderung erzeugt immer Angst. Und das ist verständlich. Es wäre schrecklich, wenn sie sich verändern würde. Sie käme dann immer weiter weg von sich selbst.«

Der Gedanke, sich selbst zu finden, ist beruhigend. Es ist letztlich das Ziel eines jeden Menschen, sich selbst zu finden. Wir kommen nicht umhin, uns innerlich zu bewegen. Das Leben selbst ist Schwingung. Stillstand bedeutet Tod. Das Leben ist ein ewig währendes Weiterentwickeln. Wir verlieren das Leben, wenn wir es festzuhalten suchen.

»Wie geht es Ihnen jetzt?«

Norbert hatte in der Zwischenzeit die Beine angezogen und etwas unter den Stuhl gestellt. Seine Arme lagen etwas lockerer vor seiner Brust.

»Schon sehr viel besser. Ich weiß, dass Sprache und Gedanken sehr kraftvoll sind und dass es gut ist, sich die Menschen genau anzusehen, denen man sich da anvertraut! Ich weiß, dass jetzt etwas in Bewegung gekommen ist und dass ich auch gefordert bin.« Mit einem Blick auf seine Frau sagte er dann: »Carolyn erzählt mir von hier, und dann geht das schon klar! Ich bin einverstanden.«

Was für ein achtsamer, einsatzbereiter Ehemann!

Ich lachte ihn an. Carolyn lachte auch und strahlte ihn erleichtert an.

Dann fragte mich Norbert: »Haben Sie eine Anregung für meine Sprache?«

Er war ebenso bereit wie seine Frau. Es gibt nicht viele Männer wie ihn.

»Ja, ich habe eine. Ich wähle für Sie ein Wort aus, das die innere Beweglichkeit erleichtert. Das ist es, was Ihnen in diesem Augenblick Erleichterung bringen kann. Das Wort, das ich Ihnen heute mitgebe, ist das Wort ›feststellen‹. Vorhin haben Sie gesagt: ›Ich habe festgestellt, dass Carolyn sich verändert hat‹. ›Feststellen‹ klingt wie fest stellen, wie Bremse anziehen und arretieren. Das macht starr.

Fühlen Sie erst die Wirkung von ›feststellen‹. Fühlen Sie die gefühlsmäßige Botschaft. Carolyn kann ihnen zeigen, wie es geht. Dann beobachten Sie Ihre Sprache und wiederholen Sie die Sätze, in denen Sie ›feststellen‹ sagen. Fühlen Sie die Wirkung dieser Sätze.

Mit dieser inneren Grundeinstellung von ›feststellen‹ ist es schwer, sich auf das Schwingen des Lebens einzulassen.

Ganz anders klingt und schwingt die Formulierung ›ich beobachte‹ oder ›ich sehe‹. Das ist weicher. Es gibt natürlich noch weitere Möglichkeiten. Sie dürfen die Schwingung der Sprache bewusst einsetzen und sich damit das schaffen, was Sie erleben wollen! Je leichter Ihre Sprache schwingt, desto leichter können Sie mit ihr schöpfen und mit dem Leben schwingen.«

Das klang für Norbert logisch und plausibel. Jetzt, wo er dabei war und sich ein Bild machen konnte, war er beruhigt und ließ seine Frau leichten Herzens noch ein paar Mal kommen. Er interessierte sich für die verschiedenen Wörter und Themen, mit denen wir uns jeweils befassten, und griff das auf, was ihn ansprach.

Auf Wörter mit der Vorsilbe »über« achten

In diesem Seminar arbeitete ich gezielt an Wörtern und an einem Satzbau, die eine innere Ausgeglichenheit mit sich bringen. Das war genau richtig für Carolyn. Sie war viel mehr bei sich, als noch wenige Wochen vorher. Sie hatte ihre eigene Mitte gefunden. Es gab dennoch einiges zu tun, damit sie mehr inneren Tiefgang und Gelassenheit bekam. Die brauchte sie, um auch in schwierigen Situationen in ihrer Mitte bleiben zu können. Es war für sie selbst und auch für ihre Partnerschaft wohltuend, wenn sie hier noch etwas dazulernen konnte. So fügte es sich gut, dass gerade dieses Thema im Mittelpunkt des Seminars stand.

Ich beleuchtete neben anderen Aspekten der Sprache Wörter mit der Vorsilbe ›über‹ und deren Wirkung. Carolyn merkte staunend, wie viele Wörter mit dieser Vorsilbe sie in ihrem aktiven Sprachgebrauch hatte. Sie hatte nie darauf geachtet.

Wir sammelten zahlreiche dieser Wörter, machten die nun schon gut bekannten Wortproben und probierten immer wieder sprachliche Alternativen aus. Carolyn entdeckte, dass sie mit den neuen Formulierungen die Wahrheit dessen, was sie sagen will, wesentlich besser zum Ausdruck bringen kann. Und sie spürte, dass sie mit ihnen auch deutlich besser geerdet war. All diese ›über‹ in ihrer Sprache hoben sie nach oben. So beließ sie diejenigen ›über‹ in ihrer Sprache, die auch wirklich ›über‹ meinen und besann sich bei den anderen ›über‹, was sie nun wirklich sagen will.

Wir wendeten diese neu gewonnenen Einsichten für praktische Dinge aus ihrem Alltag an. Es ist mir immer ein Anliegen, dass die Anregung auch wirklich alltagstauglich ist.

So griff ich wie immer eine konkrete Situation auf. Kürzlich hatte sie jemand gefragt: »Sind Sie bereit, das Sommerfest der Gemeinde mit zu gestalten?« Um sich nicht festlegen zu müssen, hatte sie gesagt: »Ich überlege es mir noch.« Doch damit ließ sie ihren Gesprächspartner warten und war außerdem nicht so ganz ehrlich. Sie hätte ja gern ›nein‹ gesagt, doch wollte sie ihn damit nicht vor den Kopf stoßen.

Dieses ›ich überlege es mir noch‹ ist eine komplizierte Antwort. Da legt jemand Argumente oder Ausreden übereinander, bis eine hohe Mauer entstanden ist. Schließlich sieht er nicht mehr darüber. So macht er sich selbst das Leben schwer.

Je nach den persönlichen Erinnerungen kann ›überlegen‹ auch die Assoziation zum Thema Überlegenheit wachrufen. Da sind auf unbewusster Ebene Missverständnisse möglich.

Carolyn sagte mehrfach das Wort ›überlegen‹ und achtete dabei auf die aufsteigenden inneren Bilder und Gefühle. Sie fand, dass sich ›überlegen‹ für sie verkopft und etwas herzlos anfühlt.

Sie probierte dann mehrere Varianten aus. Am angenehmsten war ihr: »Ich lasse das auf mich wirken und gebe dir morgen Bescheid!« Diese Formulierung schrieb sie sich auf. »Das muss ich mir jetzt aufschreiben, sonst vergesse ich das noch! Oh, da hat sich wieder ein ›muss‹ hinein geschlichen. Na, auch egal!« Sie lachte.

»Jaja, die Sprache! Es dauert, bis aus dem Wortmüll ein Wortschatz geworden ist!« Ich lachte mit ihr. Es ist immer gut, die Dinge und insbesondere sich selbst mit einer guten Portion Humor zu betrachten!

Carolyn sagte: »Ich habe bis jetzt oft gesagt, dass ich mir noch etwas überlegen werde. Nun werde ich darauf achten! Der Gedanke ist interessant, dass ich mich mehr in meiner Mitte halten kann, wenn ich gezielt einige über-Wörter aus meinem Wortschatz nehme. Norbert wird sich in Zukunft umschauen, wenn er mich nicht mehr dauernd herunterholen muss!« Dabei schaute sie erst mich und dann ihren Mann an und strahlte.

Es wird sich fügen!

Nach einer Pause sagte ich: »Ich gebe Ihnen heute einen ganz kostbaren und einfachen Satz mit auf den Weg. Er wird es Ihnen leichter machen, an eine gute Entwicklung zu glauben. In diesem Glauben an das Gute liegt eine große Kraft. Die

Dinge werden leichter eine gute Entwicklung nehmen. Dieser Satz heißt: Es wird sich fügen!

Das ist eine wunderbare Formulierung, die im wahrsten Sinne des Wortes eine wunderbare Wirkung hat. Sie erleichtert die Bewegung, weil sie Mut macht. Und sie ergänzt das, was ich Norbert vorhin bereits für das ›feststellen‹ gesagt habe. Bevor etwas sich neu fügen kann, geht es erst aus den Fugen. Dann liegen Bausteine herum. Danach kann sich alles wieder präzise zu etwas Neuem fügen. Seit ich mir erlaube zu denken ›es fügt sich‹, habe ich eine große Gelassenheit entwickelt. Ich erlebe, dass es Fügungen in meinem Leben gibt, die weit besser sind als das, was ich auf die Beine stellen könnte. Ich sehe, dass da ein größerer Architekt am Werk ist als ich. Ich denke ganz bewusst: Es fügt sich – gerade dann, wenn ich noch keine Lösung sehe.«

Inzwischen weiß ich, dass etliche Kursteilnehmer und Kursteilnehmerinnen mit dem ›Fügen‹ Schwierigkeiten haben. Sie haben damit eine belastende Speicherung. Dieses Wort erinnert sie an Situationen, in denen sie sich als Kinder schmerzlich fügen mussten. Hier leite ich die Teilnehmer an, das Wort ›fügen‹ für sich neu zu entdecken und die alte Speicherung zu wandeln. Danach fühlen auch sie sich mit dem Satz ›Es wird sich fügen.‹ wohl.

Das Leben wird leichter und bunter

Diese Anregungen hatten eine kraftvolle und gleichzeitig sanfte Entwicklung bewirkt. Alles ging leicht. Carolyn war in einer fröhlichen Aufbruchstimmung: Die Knospe der Rose brach so richtig auf. Als sie das nächste Mal kam, erkannte ich sie erst gar nicht wieder. Sie sah völlig anders aus. Sie hatte ihre Haare wieder in ihre ursprüngliche Farbe färben lassen und die künstlichen Locken herausgemacht. Statt der eleganten Kleidung trug sie eine etwas verrückte Hose und eine burschikose Jacke. Auf den Kopf hatte sie ein Käppi gesetzt. Sie sagte: »Ich will, dass die Menschen mich achten für das, was ich wirklich bin und nicht nur wegen meiner schönen Haare und meiner schicken Kleidung! Ich zeige jetzt, wie ich wirklich bin.« Ihre Augen funkelten, und sie jauchzte einmal auf und drehte sich danach vergnügt im Kreis.

»Sie erkennen mich ja gar nicht, heh, ich bin die Carolyn!« Erst jetzt schaltete ich so ganz.

»Ich bin runderneuert, innen und außen. Dabei bin ich jetzt viel mehr ›Ich‹. Ich fühle mich wie 17! Jippi! Und was glauben Sie, wie sich mein Mann freut und meine ganze Familie. Jetzt merke ich: Ich lebe!« Carolyn sprudelte vor Lebensfreude.

Nun nahm sie sich wieder war. Sie hatte ihren Mittelpunkt nicht mehr im Außen, in ihrem Problem, um das sie gekreist war, sondern hatte ihren Mittelpunkt in sich selbst gefunden. Es war ein beglückendes Gefühl für sie.

»Mein Mann ist der richtige Mann an meiner Seite«

Carolyn war jetzt vier Monate bei mir. Ich durfte sie noch weitere fünf Monate durch etliche Wellenberge und Wellentäler begleiten, bis sie selbständig die Wellen reiten konnte. Es gelang ihr von Mal zu Mal besser, schnell wieder ihre Mitte zu finden und von da aus zu handeln. Sie ließ sich nicht mehr so schnell hinreißen, etwas übereilt zu tun und lernte zu warten und zu beobachten. Bei allem Sinn für Realität hatte sie in sich den Glauben entwickelt, dass sich alles fügen würde, und folglich erlebte sie es auch bald so. Das Seminar Mission – Vision gab ihr die erforderliche Stabilität. Ein Vierteljahr danach rief sie mich an:

»Es ist, wie Sie es sagen: Es fügt sich alles, wenn ich bereit bin, mich auf das Leben einzuschwingen. Ich habe nun im privaten Bereich ein Tätigkeitsfeld gefunden, das für mich maßgeschneidert ist. Es ist in perfekter Harmonie mit den Bedürfnissen und Möglichkeiten meiner Familie. Mein Mann ist der richtige Mann an meiner Seite. Auch mit den Kindern geht es immer besser. Vor allem ist Peter kein Problem mehr. Er ist Peter. Ich danke Ihnen!«

»Ich gebe den Dank gleich an den Himmel weiter. Von da kommen meine Anregungen. Ich freue mich mit Ihnen. Es ist Ihr Erfolg, liebe Carolyn! Ich habe Ihnen nur den Weg gezeigt.«

Die erfrischenden Tipps

- Der Dauerdruck hört auf: »Müssen« und »schnell« gibt es nicht mehr.
- Das Selbstwertgefühl steigt: Aus »man« wird »ich«.
- Alte Dinge loslassen und Raum für Lebensfreude schaffen.
- Abschied von der Problemdenke: Aus dem Problem wird eine Herausforderung.
- Die Tischordnung erleichtert die Struktur und bringt Ruhe in die Familie.
- Feststellen ist starr – Beobachten und Sehen erlauben Bewegung.
- Es geht auch ohne die Vorsilbe »über«. Aus »überlegen« wird »ich lasse das auf mich wirken und gebe dir morgen Bescheid«.
- Die Superformel: Es wird sich fügen.

3 Zeit für die Partnerschaft

Michael kennt keinen Urlaub mehr

Michael war Ende Dreißig, als ich ihn kennen lernte. Er liebte seine Partnerin, hatte aber kaum Zeit für sie. Er hatte sich vor vier Jahren selbständig gemacht und hoffte nun, dass endlich Land in Sicht käme, der Betrieb mehr Gewinn brächte und er sich wieder ein paar wohlverdiente Pausen gönnen könnte. Sein Leben bestand zu diesem Zeitpunkt aus Arbeiten und Schlafen und Essen und wieder Arbeiten, Schlafen und Essen. Er arbeitete mindestens elf Stunden am Tag. Freizeit und Urlaub waren Fremdwörter geworden. Darüber hatte er den regelmäßigen Sport aufgegeben und ein paar Kilo zugelegt. Das störte ihn genauso wie seine Partnerin.

Er war froh, dass auch seine Partnerin beruflich engagiert war und Verständnis für seine Situation aufbrachte. Doch beiden war klar: So hatten sie sich ihr Privatleben nicht vorgestellt. Hier wünschte er sich dringend eine Änderung.

Michaels Schwester hatte bereits LINGVA ETERNA® kennen gelernt und ihm erzählt, was sich seitdem in ihrem Leben alles zum Guten gewendet hat. Daraufhin rief er bei mir an und ließ sich einen Termin für eine erste Beratung geben. Ich durfte ihn für den Zeitraum von neun Monaten regelmäßig begleiten. Er kam wiederholt zu Beratungen und nahm an mehreren Seminaren teil.

Sich einmal eine Pause gönnen

Michael sah seine Partnerin im Wesentlichen nur bei den seltenen gemeinsamen Mahlzeiten. Sie setzten sich miteinander an den Tisch und aßen. Dabei nutzten sie die wenige gemeinsame Zeit, um die Terminpläne aufeinander abzustimmen und Organisatorisches zu besprechen. Sie klärten, wer das Auto zum Kundendienst bringt, ob der Staubsauger zur Reparatur muss und wann sie den nächsten gemeinsamen Einkauf machen. Sie fanden keine Muße, das Essen zu genießen. Ich kann mir vorstellen, dass sie manchmal am Ende des Essens nicht genau wussten, was sie gerade gegessen hatten!

Michael war deutlich anzumerken, dass er unter Dauerstress stand. Nicht einmal bei den Erholungspausen, eben bei den Mahlzeiten, konnte er innerlich zur Ruhe kommen. Damit war er in einen Teufelskreis geraten.

Aus diesem Teufelskreis von Hektik und Stress kommen wir nur heraus, wenn wir nicht nur Stress und Hektik fühlen, sondern uns auch Pausen gönnen und diese bewusst als Pausen fühlen. Es ist jedem Menschen freigestellt, ob er sich immer wieder einmal das angenehme Gefühl einer Pause gönnt oder nicht. Das ist eine Sache der Lebenskunst.

Das, was ein Mensch fühlt, wirkt wie eine Bestellkarte und lädt neue Situationen in sein Leben ein, in denen er die gleichen Gefühle wiedererleben wird. Das Leben macht keinen Unterschied, ob die Gefühle, die wir uns erlauben, für uns angenehm sind oder nicht. Es behandelt sie alle gleich, nämlich als Bestellkarten für mehr vom Gleichen. Es liegt an uns, die Gefühle zu bestimmen, die wir fühlen. Wir sollten, um wirklich unseres Glückes Schmied zu werden, lernen, Herr unserer Gedanken und unserer Gefühle zu sein!

Als Michael mich fragte, ob das etwas mit positivem Denken zu tun hat, antwortete ich mit einem klaren Nein. Positiv denken klammert die Realität aus. Das sehe ich als gefährlich an. Mir liegt es am Herzen, die Realität mit all ihren Licht- und Schattenseiten zu sehen. Alles, was ist, darf sein. Ich spreche daher auch nicht von positiv und negativ. Manches ist leicht und manches ist schwer. Alles ist letztlich gut für unsere Entwicklung. Das können wir oft erst im Nachhinein sehen. Wesentlich ist die Frage, wie ich damit umgehe und was ich daraus mache.

Allem voran sehe ich es als notwendig an zu erkennen, welche Mechanismen wirken. Das ist ganz wörtlich not-wendig. Es wendet die Not. Erst wenn wir erkannt haben, dass und wie wir uns durch unsere bisherige Art zu denken immer mehr und noch mehr Stress einladen, können wir etwas an dem Stress ändern. Darum ist es wichtig, dazwischen einmal zur Ruhe zu kommen und bewusst auch einmal Ruhe und Muße zu fühlen. Auch diese angenehmen Gefühle haben eine Wirkung auf die Zukunft. Sie wirken wie Bestellkarten ans Universum und bestellen mehr Situationen, in denen wir diese angenehmen Gefühle wieder erlebt können.

Jedes Essen wird ein kleines Fest

Als Erstes gab ich ihm eine Anregung für die Mahlzeiten. Es ist angenehm und erholsam, beim Essen allen Alltagstrubel einmal für eine kurze Zeit auszuklammern. Das Organisatorische und Dringende kann vor oder nach dieser Pause erledigt werden. Aus reiner Gewohnheit bringen viele Menschen alle möglichen offenen Fragen und anstehende Probleme beim Essen auf den Tisch. So war es auch bei Michael und seiner Partnerin. Auf diese Weise hinderten sie sich daran, die Pause zu genießen und sich einfach dem gemeinsamen Essen zu widmen.

Mit Kleinigkeiten können wir uns eine angenehme Atmosphäre schaffen. Ich finde es schön, eine einzelne Blüte oder einen

Blumenstrauß auf den Tisch zu stellen und eine Kerze anzuzünden. Das erfordert einen minimalen zeitlichen Aufwand.

Und dann können wir das Essen in Ruhe einnehmen. Diese Pause braucht nicht lang zu sein. Nicht die Dauer zählt, sondern die Art und Weise, in der diese Pause geschieht. Diese vielleicht noch ungewohnte Ruhe mitten im Alltag ist eine Wohltat, und wer sie kennt, der will sie nicht mehr missen.

Am erholsamsten ist diese Pause, wenn wir mit unserer Aufmerksamkeit am Esstisch bleiben, bei uns selbst, dem Essen und dem Partner oder der Partnerin.

Wir können bewusst die Blumen auf dem Tisch wahrnehmen, den Duft des Essens und seinen Geschmack und das Gefühl beim Abbeißen und Kauen. Dann sind wir mit allen Sinnen im Hier und Jetzt. So können wir andere Themen für einige Augenblicke ganz loslassen. Dieses Loslassen macht den Arbeitsspeicher im Gehirn frei. Danach geht es umso leichter weiter.

Martin war aufmerksam dabei: »Das klingt einleuchtend. Es ist so wohltuend, und gleichzeitig so weit weg von meinen jetzigen Gewohnheiten. Das gibt eine große Umstellung! Das müsste dennoch leicht zu machen sein!«

»Ja, nur nehmen Sie sich mit dem ›müsste‹ schon wieder Kraft weg. Sagen Sie einfach: ›Ich mache es!‹ Es ist viel leichter, als Sie jetzt denken. Der Erfolg wird Sie beflügeln. Wenn Sie beim Essen dann gedanklich einmal abschweifen, dann holen Sie sich selbst liebevoll wieder an den Ort des Geschehens. Bleiben Sie ruhig und nehmen Sie den Augenblick mit allen Sinnen wahr. Das ist genug Aktivität. Be-Sinnen Sie sich wieder auf das, was gerade ist. Lachen Sie beim Essen auch einmal, erzählen Sie sich etwas Lustiges! Das Beste dabei ist dieses: Indem Sie eine wohltuende Pause fühlen, bestellen Sie mit diesem wohligen Gefühl weitere Pausen mit wohligem Gefühl in Ihr Leben. So geht Leben!«

Martin war entschlossen, die organisatorischen Fragen außerhalb der Mahlzeiten zu regeln und die gemeinsamen Mahlzeiten wirklich Pausen werden zu lassen. Er sagte: »Die Planerei beim Essen ist eine dumme Gewohnheit geworden, weil wir die Organisation wirklich vorher erledigen können. Das lässt sich machen. Wenn wir das beachten, dann haben wir die Aufmerksamkeit frei für die gemeinsame Mahlzeit, selbst wenn sie nur kurz ist. Da freue ich mich schon richtig drauf!«

»Ich bin sicher, dass Sie auf diese Weise schon bald mehr Zeit miteinander haben und gar nicht wissen werden, wo dieses Mehr an Zeit herkommt. Es ist die logische Folge Ihrer neuen Handlungsweise. Sie fühlen mehr Pausen und werden als logische Folge in absehbarer Zukunft mehr Pausen erleben.«

Eine klare Struktur schaffen

Ich gab ihm danach eine weitere Hilfe an die Hand, um sein Leben zu entschleunigen. So konnte er das sich bislang beständig schneller drehende Rad seines Lebens bremsen und sich Erholungspausen schaffen. Die Anregung mit den Mahlzeiten war nur ein erster Baustein, wenn auch ein wertvoller Baustein.

Ich hatte seine leicht hektische Sprechweise und die nicht enden wollenden Sätze gehört, die sich ineinander verschlangen. Gleichzeitig sah ich seinen Ansatz zu einer beschwerlichen Körperfülle. Die einzelnen Arbeiten laufen bei ihm ebenso nahtlos ineinander wie seine Sätze und ansatzweise seine körperlichen Konturen. Er hatte sich etwas verloren im Getriebe des Alltags. Nun brauchte er etwas, um sich und seinem Alltag wieder eine klare Struktur geben zu können.

So gab ich ihm zwei Anregungen für seine Sprache. Als Erstes wies ich ihn auf die Länge seiner Sätze hin. Lange Sätze können ihre Kraft nicht annähernd so gut entfalten wie kurze Sätze. Ein Satzelement folgt dem anderen, und es gibt keine Pausen dazwischen. Ich demonstriere das gerne mit einer Klangschale. Eine Klangschale ist eine Schale aus Messing. Mit einem Klöppel können wir sie zum Erklingen bringen. Wenn wir nur einmal darauf schlagen, dann baut sich eine wohlklingende Welle auf. Der Ton wird voller und voller und schwingt lange nach. Wenn wir jedoch mehrmals hintereinander darauf schlagen, dann entsteht ein störender Lärm.

»So ist es auch mit den Sätzen. Erlauben Sie Ihren Sätzen, dass sie ihre Kraft und damit ihre Wirkung entfalten. Sie verpulvern Ihre Kraft, wenn Sie gleichsam immerfort auf Ihre Klangschale schlagen. Bilden Sie kurze Sätze! Gleichzeitig strukturieren Sie Ihre Gedanken mit den kurzen Sätzen klar und eindeutig. Das hat eine günstige Auswirkung auf ihr Leben. So wie Sie Ihrem Denken mit kurzen Sätzen eine neue Struktur geben, können Sie Ihrem Leben mit einem neuen Denken eine neue Struktur geben: Eine Struktur, in der erholsame Pausen ihren festen Platz haben.«

Martin schaute mich aufmerksam an. »Ein interessanter Ansatz!«, meinte er, »klingt einleuchtend! So habe ich das noch nie gesehen. Mir wird jetzt so manches klar. Und es klingt machbar. Mit dieser klaren Vorgabe für meinen Satzbau habe ich etwas Greifbares in der Hand. Das klingt gut. Ich mache das!«

Ich bat ihn, schrittweise vorzugehen. Als Erstes sollte er einfach darauf achten, dass er tatsächlich viele lange Sätze bildete. Gleichzeitig sollte er sich immer wieder ihre nachteilige Wirkung bewusst machen. Dabei entsteht im Inneren ein starker Drang, die gewohnte Ausdrucksweise hinter sich zu lassen, die bislang das alte, unerwünschte Verhaltensmuster aufrechterhalten hat. Als Nächstes sollte er alle langen Sätze mit all ihren Anreihungen und Nebensätzen weglassen und einfach mehrere kurze Sätze daraus bilden.

Kurze, klare Sätze haben eine ordnende Wirkung auf den gesamten Alltag. Sie erleichtern dort die innere und äußere Struktur. Jeder Satz hat einen Anfang, eine Mitte und ein Ende. Am Satzende geht bei einem Aussagesatz die Stimme herunter, und dem hörbaren Punkt folgt eine kurze Pause. Dann kann der Satz gut wirken.

»Damit wissen Sie sehr viel klarer als bisher, was Sie sagen und was Sie mit Ihrem Satz erreichen wollen. Damit hat Ihr Gedanke auch mehr Kraft. So erreichen Sie natürlich viel leichter Ihr Ziel. Es bringt schon viel, wenn Sie diese Übung mit den kurzen Sätzen mehrfach am Tag machen. Vielleicht mögen Sie sich alle Stunde die Eieruhr stellen und klingeln lassen. Auf diese Weise können Sie sich daran erinnern. Oder Sie nehmen morgens acht Murmeln in die eine Hosentasche und machen diese Übung acht Mal im Laufe eines Tages. Jedes Mal, wenn Sie die Übung machen, geben Sie eine Murmel in die andere Hosentasche. An den Murmeln merken Sie selbst, ob Sie Ihr selbst gestecktes Ziel schon erreicht haben!«

Michael wusste, dass er zu langen Sätzen neigte. Seine Freunde hatten ihm das schon mehrfach gesagt. Manchmal verstanden sie ihn deshalb nicht so ganz. Dennoch hatte er seinen Satzbau nie geändert. Er hatte bis jetzt geglaubt, dass seine langen, verschlungenen Sätze nur eine Art Marotte, ja sogar geistreich waren!

Jetzt sah er seine Art zu sprechen mit einem neuen Blickwinkel: »Ich bin noch nie auf die Idee gekommen, dass meine langen Sätze etwas mit dem atemlosen Lebensstil zu tun haben könnten, den ich derzeit habe. Das ist für mich ein neuer Gedanke. Gilt auch der Umkehrschluss, dass das Leben einfacher wird, wenn die Sätze kürzer werden?«

»Ganz so einfach ist es nicht. Die Wirkung erreichen Sie, wenn Sie Ihre kurzen, einfachen Sätze als solche wahrnehmen und fühlen. Die Bewusstheit spielt eine große Rolle. Ein rein mechanisches Ändern der Satzlänge genügt nicht.«

In dem nun folgenden Gespräch bildete Michael spontan einen seiner Bandwurmsätze. Ich ergriff die Gelegenheit und bat ihn, den letzten Satz zu wiederholen. Es war ihm nicht möglich! Ich wiederholte daraufhin den Satz, den er gesagt hatte, in seiner ganzen Länge und mit allen Füllwörtern, die er gebraucht hatte, und schrieb ihn an die Tafel. Miteinander betrachteten wir Wort für Wort. Er merkte erst jetzt, wie viel nichts sagende Informationen und wie viel unnötigen Ballast er in seinen Sätzen und Gedanken herumschleppte. Dieser unnötige Ballast fand sich als Entsprechung in seinem Körpergewicht und in verschiedenen weiteren Bereichen seines Alltages wieder.

Er atmete tief durch. Er hatte bis jetzt nichts davon gewusst, dass diese langen Sätze eine nachteilige Wirkung auf sein Leben hatten. Hier konnte er leicht aufräumen. Er nahm sich vor, in den nächsten Tagen und Wochen auf kurze Sätze zu achten. Die üblichen Anhängsel mit ›weil‹, ›obwohl‹, ›damit‹ und ›dass‹ wollte er möglichst weglassen und stattdessen immer wieder einen neuen kurzen Satz bilden.

Das war der Anfang. Er begann, klar und bewusst seine Gedanken zu erkennen und bewusst zu strukturieren. Damit tat er einen wichtigen Schritt in seinem Leben.

»Mir kommt es komisch vor«, sagte er, »so kurze Sätze zu bilden, weil ich das so nicht gewöhnt bin. Halt, da war schon wieder ein Satz mit weil. Wie sage ich das denn dann?«

Ich schaute ihn an und schmunzelte: »Das klingt so leicht! Es ist auch leicht! Und gerade das Leichte ist für uns oft so schwer! Sie fragen, wie Sie aus dem Satz mit Nebensatz zwei kurze Sätze machen können. Für mich heißt der Satz dann so: ›Kurze Sätze sind für mich neu. Ich habe mich an lange Sätze gewöhnt.‹ Diese kurzen Sätze erfordern ein völliges Umdenken. Das Gehirn wird jetzt erst einmal einer Baustelle gleichen.

Mit dem neuen Denken legen Sie in Ihrem Gehirn zahlreiche neue Verbindungen an, die so genannten Synapsen. So bekommen Sie Zugang zu weit größeren Bereichen Ihres Gehirns. Es ist bekannt, dass der Mensch im Durchschnitt nur acht bis zehn Prozent seines Gehirns einsetzt. Sie können durch eine erhöhte Achtsamkeit mit der Sprache den Anteil des Gehirns, der Ihnen zur Verfügung steht, erhöhen. Auch Meditation hilft hier und andere Wege, die nach innen führen. Wenn Sie finden, dass Sie genug erreicht haben, dann können Sie wieder lange Sätze bilden!

Wir lachten beide. Dann probierte ich mit ihm einige Sätze aus und machte immer wieder den Vergleich: Bandwurmsatz – klare, kurze Sätze. Er spürte, wie gegensätzlich die jeweilige Wirkung war und wie stark sich die jeweilige Formulierung auf seine Körperhaltung, seine Stimmlage und auch auf seine Mimik und Gestik auswirkten.

Mit dem Federbrett sein Gleichgewicht finden

Für manche Menschen ist es wirklich schwer, sich auf das Wesentliche zu konzentrieren und ihre Aussage auf den Punkt zu bringen. Ihre Gedanken tragen sie davon. Immer wieder haben sie eine neue Idee oder eine neue Anmerkung, die sie auch noch einbringen wollen. Dies stört die Kommunikation weit mehr, als dass es ihr dient.

Mir scheint es logisch, dass es leicht wird, den Geist auf eine Aufgabe zu konzentrieren, wenn der Körper dies bereits leicht kann. Darum gebe ich meinen Teilnehmern die Anregung, ihre körperliche Wahrnehmung zu üben und einen klaren, festen Stand zu entwickeln.

Dafür setze ich das Federbrett von der Firma Holz Hoerz ein. Ich empfehle dieses Federbrett schon seit Jahren Eltern,

Erziehern und Lehrern für die Begleitung von Kindern. Auf ihm kommen Kinder und auch Erwachsene spielend körperlich und auch seelisch in ihre Mitte. Es regt den Gleichgewichtssinn an und fördert die Wachheit und gleichzeitig die innere Ruhe.

Das Federbrett erweist sich nun auch bei LINGVA ETERNA® als eine wertvolle Hilfe, seine innere Mitte zu finden und die Gedanken zu ordnen. Seit ich dies erkannt habe, lasse ich jeden dieses Federbrett ausprobieren, der es will.

Dieses Federbrett gibt es in zwei Größen und mit unterschiedlichen Federstärken, je nach Körpergewicht und Verwendungszweck. Wahlweise nehme ich das runde oder das rechteckige Brett mit der jeweils passenden Federstärke. Erwachsene haben darauf ebenso viel Spaß und Gewinn wie Kinder. Das Federbrett besteht aus zwei gleich großen Brettern, die mit vier Federn miteinander verbunden sind. Sie sind 18 cm hoch und finden damit leicht Raum in der Wohnung und auch im Büro. Das Federbrett kann zum feinen Ausbalancieren und auch zum Hüpfen verwendet werden. Es erzeugt ein starkes Körperbewusstsein und erdet gut. Gleichzeitig bringt es in die eigene Mitte. Dies wird schon während des Stehens auf dem Federbrett so empfunden. Am stärksten ist die Wirkung in den Augenblicken nach dem Heruntersteigen. Sie fühlen sich so richtig auf dem Boden angekommen und innerlich gesammelt. Dieses Gefühl hält eine ganze Weile an.

Auch bei Michael konnte ich mit dem Federbrett die gewünschte Wirkung erzielen. Er stellte sich auf dieses etwas wackelige Brett und wippte eine Weile vor und zurück und hin und her. Dann fand er das innere Gleichgewicht. Als er beinahe stillstand, begann er langsam hinauf und hinunter zu federn im Rhythmus seines Herzschlages. Das ging ganz von allein. Er war fasziniert. Er fühlte sich wohl darauf. Dann stieg er wieder von diesem Brett herunter. Ich bat ihn, erst einmal stehen zu bleiben und bewusst den Boden unter seinen Füßen wahrzunehmen. Er fühlte, wie das Schwingen in seinem Körper weiterwirkte und ihn angenehm belebte. Er stand viel klarer und fester als vorher. Er war nun aufrecht und gesammelt. Er hatte seine gesamte Aufmerksamkeit auf seinen Körper gelenkt und war ganz bei sich. Michael hatte bei der Übung die Augen offen behalten. Mit geschlossenen Augen wäre die Wirkung noch stärker gewesen.

Wir sprachen erst von seinen Eindrücken und Empfindungen, die er mit diesem Brett hatte. Dann bat ich ihn, sich noch einmal auf das Federbrett zu stellen und dabei etwas zu erzählen mit den langen, ihm noch so vertrauten Bandwurmsätzen. Er probierte es aus und verlor dann gleich sein Gleichgewicht. Er verlor sich mit den langen Sätzen. Stattdessen gelangen ihm die kurzen Sätze ganz leicht. Er war mit der Aufmerksamkeit bei sich und fühlte sich. Er machte sich bewusst, was er sagen wollte und sagte es. Und wenn er wieder in die alten Satzmuster rutschen wollte, dann kam er mit seinen Armen ins Rudern. Es war auf diesem Brett keine Aufmerksamkeit frei, um lange Bandwurmsätze zu bilden. Er genoss die neue Einsicht. Er schwieg einige Atemzüge und ließ sich schwingen. Dann sagte er: »Das war herrlich. Ich kann dieses Gefühl nicht mit vielen Wörtern beschreiben. Ich will es auch gar nicht!« Bandwurmsätze passten zu dieser Erfahrung nicht.

Der Einsatz des Federbrettes hat es sichtbar und hörbar gemacht, dass es einen Zusammenhang gibt zwischen dem inneren und dem äußeren Gleichgewicht und der Fähigkeit, sich eindeutig auszudrücken. Mit ihm wird es jedem Menschen leicht, seine Gedanken und Sätze auf den Punkt zu bringen und an Klarheit und Kraft zu gewinnen. Es freut mich, dass ich mit den Federbrettern eine wirksame Möglichkeit gefunden habe, Menschen mit langen, verschlungenen Sätzen kurze, klare Aussagen leicht zu machen.

Auch Michael tat das Federbrett gut.

Füllwörter raus!

Die nächste Anregung, die ich Martin gab, galt der Wischiwaschi-Sprache. Die Wischiwaschi-Sprache ist voll von unklaren Aussagen. Die Füllwörter und andere schwammige Ausdrucksweisen stören die Kommunikation und damit die beabsichtigte Wirkung erheblich. Entsprechend weit verbreitet ist die Wischiwaschi-Sprache bei den Menschen, die sich vom Leben mehr erhoffen als das, was es ihnen zu geben scheint. Sie haben wohl Träume, doch glauben sie nicht so recht daran, dass sie wahr werden können. Sie haben zu viele »Weichmacher« in ihrer Sprache, die sie daran hindern, ihren Traum zu leben.

Anders ist es bei den wirklich erfolgreichen Menschen. Sie kennen ihr Ziel. Sie haben es bildlich vor sich und behindern ihre Sicht nicht durch einen Schleier. Dieser Schleier entsteht immer mit Füllwörtern und schwammigen Redewendungen. Sie sagen kaum ›eigentlich‹, ›amol‹, ›irgendwann‹, ›vielleicht‹, ›könnte‹, ›hätte‹, ›würde‹, ›sollte‹, ›man‹ und weitere.

Ich fragte Michael, ob er Kontakt mit Menschen habe, die er als außerordentlich erfolgreich ansieht.

Michael nickte: »Ja doch. Ich habe mehrere Kunden, die außerordentlich erfolgreich sind.«

»Dann achten Sie auf ihre Sprache und Ausdrucksweise. Sie zeigt ihre zielorientierte Denk- und damit Handlungsweise. Bei ihnen hören Sie kaum die so weit verbreitete Wischiwaschi-Sprache mit all diesen Füllwörtern und anderen Erfolgsverhinderern. Von ihrer Ausdrucksweise können Sie lernen!«

»Das ist ein guter Tipp!«

»Wählen Sie sich ein Füllwort aus der Fülle der Möglichkeiten und achten Sie in ihrer Sprache gut auf dieses eine Füllwort. Gibt es eines, bei dem Sie besonders anspringen?«

»Nein, eigentlich nicht!«

»Dann haben wir ja schon eines. Nehmen Sie doch gleich das ›eigentlich‹!«

»Wieso? Ach, habe ich das gerade gesagt? Ja, könnte sein! Verrückt!«

Michael lachte.

»Also achte ich auf das ›eigentlich‹! Ich werde meine Partnerin und auch meine Schwester bitten, mich darauf hinzuweisen!«

»Ja, das machen Sie! Es ist viel leichter, wenn Sie noch jemanden haben, der seine Ohren spitzt und Sie auf ihren Sprachgebrauch aufmerksam macht. Außerdem ist es lustiger.«

Mit den Anregungen, die ich Michael mit auf den Weg gab, setzte ich an mehreren Ebenen an. Und ich gab ihm das Vorbild der Erfolgreichen mit. Sie haben in ihrer Sprache keine schwammigen Wischiwaschi-Redewendungen. Des Weiteren machen sie Pausen. Sie legen bei allem großen Arbeitseinsatz bewusst angenehme Erholungsphasen ein. Es kommt auf die Qualität der Pause an und nicht auf ihre Länge. In den Pausen erholen sie sich: Sie holen ihre Seele wieder. So bleiben Leib und Seele beieinander oder finden wieder zusammen. Die Pausen sind da, um den Körper gesund zu erhalten, genüsslich zu visionieren und Pläne zu schmieden.

Diejenigen, die am meisten arbeiten, sind die ärmsten Schlucker auf unserer schönen Erde. Mit zu viel Arbeiten ohne Pausen manövrieren wir uns ins Aus.

Kurze Sätze wirken!

Nach drei Wochen rief mich Michael glücklich an und erzählte voller Freude von einer wohltuenden Entwicklung: »Es ist wirklich unglaublich, was alles passiert. Ich achte auf die Satzlänge und mache nach jedem Satz eine kurze Pause. Und auf das ›eigentlich‹ achte ich auch. Manchmal gelingt es mir schon, es wegzulassen. Meine Partnerin hört auf einmal viel aufmerksamer hin als früher. Sie nimmt viel mehr Blickkontakt mit mir auf. Genauso geht es mir in meinem Büro. Meine Mitarbeiter und Mitarbeiterinnen hören besser hin, und es gibt weniger Fehler. Das ist wirklich phantastisch.

Auch sonst wirkt sich meine bewusstere Sprache wohltuend aus. Ich bin am Abend nicht mehr so angespannt, wenn ich heimkomme. Das ist wirklich prima! Die Anregung hinsichtlich unserer täglichen Mahlzeiten habe ich auch aufgegriffen. Es war ganz einfach. Wir sind jetzt beide froh, dass wir beim Essen das Organisatorische außen vor lassen und einfach miteinander essen. Die Atmosphäre ist wesentlich lockerer geworden. In nur drei Wochen! Ich kann es noch selbst nicht glauben! Ich danke Ihnen!«

Ich freute mich mit ihm von ganzem Herzen und sagte ihm das auch. Am Anfang erfordert die Umstellung einige Disziplin. Er hat sie aufgebracht und wurde reich belohnt. Er war beflügelt von den schnellen Erfolgen. Nun meldete er sich für die nächsten Wochenend-Seminare an.

Die drei A: ansprechen, anschauen, atmen

Michael lernte bei dem nächsten Seminar die drei A kennen. Es gibt kaum Rezepte zum Nachmachen für das menschliche Miteinander, aber die drei A sind eines. Die drei A stehen für ansprechen, anschauen und atmen. Das geht dann so: ansprechen, indem ich den Namen nenne, anschauen und den Kontakt herstellen in Form von Blickkontakt oder auch Körperkontakt und drittens atmen.

Wir probierten miteinander die drei A aus. Ich fragte Michael, ob er bereit sei mitzumachen. Er willigte bereitwillig ein.

»Michael, wie sprechen Sie bis jetzt Ihre Partnerin an, wenn Sie eine Bitte an sie haben?«

Er sagte: »Hättest du einen Augenblick Zeit und könntest du mir bitte …«

»Lieber Michael, mit dem ganzen ›hättest‹ und ›könntest‹ sind Sie höflich. Doch ist mir das zu viel Text und kommt daher nicht so klar an. Lassen Sie uns das miteinander in einer Art Rollenspiel erleben.«

Ich bat Michael, die Szene mit einer Kursteilnehmerin zu spielen. Er wählte eine aus und sprach sie genauso an, wie er bis jetzt seine Partnerin ansprach: »Hättest du einen Augenblick Zeit und könntest du mir bitte einmal die Zeitung bringen?«

Es war wie im echten Leben: Sie zeigte erstaunlich wenig Bedürfnis zu handeln. Sie blickte auf, doch war das alles. Michael probierte dann verschiedene Varianten aus, um sie in Gang zu bringen. Er wollte ja schließlich, dass sie etwas für ihn tat.

Am besten war die Reaktion, als er die drei A anwendete: »Julia – Blickkontakt – atmen – und dann die Botschaft: Ich habe eine Bitte an dich!« Sie schaute ihn gleich interessiert an und fühlte sich persönlich wahrgenommen und geachtet. Jeder Mensch reagiert sensibel auf seinen Namen. Wir erlebten es hier im Rollenspiel deutlich. Auch kleine Kinder wissen das. Sie sagen solange »Mama, Mama«, »Papa, Papa«, bis Mama und Papa reagieren und der Kontakt hergestellt ist. Erst danach sagen sie, was sie sagen wollen. Der Blickkontakt kann nach Bedarf ersetzt werden durch Rufkontakt oder Körperkontakt. Der Kontakt ist das Wesentliche.

Noch vor der Kommunikation kommt der Einstieg in die Kommunikation. Viele Menschen reden einfach los und achten gar nicht darauf, dass sie am Anfang den Kontakt zu der anderen Person herstellen. Die drei A stellen den Kontakt her. Jeder Mensch reagiert, wenn er seinen Namen hört, insbesondere dann, wenn dahinter erst eine kurze Pause kommt. Damit wächst seine Bereitschaft hinzuhören. Der bewusste Atemzug vor dem folgenden Satz hat eine wohltuende Wirkung auf die Stimme. Sie wird damit klar, fest und warm. Gleichzeitig ändert sich von selbst die Körperhaltung. Die Spannkraft ist deutlich besser.

Michael war erstaunt, dass diese minimale Änderung in der Sprache eine so starke Wirkung hatte. Doch hatte er sie selbst erlebt.

Wer urteilt sieht die Einheit nicht

Bei einem späteren Seminar erzählte mir Michael von einem Ereignis in seinem Leben und fragte mich, wie ich sein Verhalten und das des anderen beurteilte. Im Grunde wollte er meine Meinung hören. Er gebrauchte die Formulierung »beurteilen«, weil er so dachte. Er dachte sich nichts dabei, als er genau dieses Wort sagte. Es gehörte einfach zu seinem Sprachgebrauch.

Als Erstes beantwortete ich seine Frage und sagte ihm meine Meinung. Als Zweites griff ich seine Formulierung ›beurteilen‹ auf und holte dafür etwas aus: »Sie fragen mich, wie ich Ihr Verhalten und das des anderen beurteile. Ich habe Ihnen meine Meinung dazu gesagt. Ich nehme auch an, dass Sie das damit gemeint haben.«

»Ja sicher!«, antwortete Michael.

»Mir geht es um das ›beurteilen‹. Das Beurteilen hängt mit dem Urteilen zusammen. Das Bedürfnis, alles und jedes zu beurteilen, macht vieles unnötig schwer, dennoch ist es weit verbreitet. Dem entsprechend ist die Formulierung ›etwas beurteilen‹ völlig gängig. Das Leben wird viel einfacher, wenn wir aufhören, die Dinge und die Menschen immerfort zu beurteilen. Ich habe mich bewusst von dem Beurteilungs-Denken gelöst. Seitdem hat mein Leben eine beglückende Entwicklung genommen!«

Michael stutzte: »Moment, da brauche ich einen Augenblick Zeit. Diese Assoziation ist für mich recht unerwartet. Ich wollte hören, was Ihre Meinung ist, und habe gefragt: ›Wie beurteilen Sie das und das.‹ Und von da kommen Sie grundsätzlich zu einer Betrachtung zum Thema Beurteilen.«

»Genau so ist es. Mit den alltäglichsten Formulierungen machen Sie Ihre Grundeinstellung sichtbar. Sie sind so selbstverständlich, dass Sie sie nicht einmal reflektieren. Sie sagen sie, ohne etwas dabei zu denken und oft auch, ohne sie zu bemerken. Gerade die für den Einzelnen so selbstverständlichen Redewendungen erkenne ich als einen wertvollen Schlüssel.«

»Und was hat das Beurteilen mit mir zu tun?«

»Das wissen Sie besser als ich. Eine Wortprobe wird Ihnen eine Antwort geben. Sagen Sie bitte zwei Mal halblaut ›beurteilen‹ und achten Sie auf die inneren Bilder und Gefühle, die mit diesem Wort aufsteigen!«

Michael sagte: »Beurteilen – beurteilen.« Es klang bedrückend. Michael erinnerte sich an ungezählte Situationen, in denen jemand über ihn geurteilt hat und er bewertet wurde. Er hatte sich hilflos, klein und ausgeliefert gefühlt. Er wusste genau, wann das gewesen war und wer das gewesen war. Er wurde still und begann zu schwitzen.

»Michael, da löst sich gerade eine schmerzliche Erinnerung. Seien Sie froh. Atmen Sie bewusst ein und aus und bleiben Sie mit sich in Kontakt. Lenken Sie beim Atmen ihre Aufmerksamkeit dahin, wo Sie das Gefühl in Ihrem Körper spüren. Einatmen – ausatmen – Pause – einatmen – ausatmen – Pause – einatmen – ausatmen – Pause.«

Ich ließ ihm Zeit. Nach einigen weiteren Atemzügen atmete er tief durch. Dann sagte er: »Jetzt ist es viel besser. Enorm, welche Wirkung so ein kleines Wort hat!«

»Ja, die kleinen Wörter haben es in sich! Und jedes Mal, wenn Sie bis jetzt das Wort ›beurteilen‹ gesagt haben, haben Sie unbewusst Ihr Thema mit dem Beurteilen und Beurteiltwerden aktiviert. Sie tun gut daran, hier auf ihren Sprachgebrauch zu achten! Wiederholen Sie bitte ein letztes Mal die Formulierung ›wie beurteilen Sie sein Verhalten‹!«

Er wiederholte: »Wie beurteilen Sie sein Verhalten?«

»Wie ist das jetzt für Sie?«

»Da ist nichts mehr drin. Es ist einfach eine Frage. Ich mag nur diese Formulierung nicht mehr. Sie bringt nicht das zum Ausdruck, was ich damit sagen will!«

»Was wollen Sie jetzt sagen?«

»Wie finden Sie sein Verhalten oder auch wie sehen Sie sein Verhalten. Das klingt auch sehr viel weicher! Jeder hat seine Art und seinen Blickwinkel, etwas zu sehen und zu erleben.«

Er wiederholte einige Male die neuen Formulierungen. Seine Stimme und seine ganze Ausstrahlung wurden damit wesentlich angenehmer und voller.

»Ich bin sicher, dass sich mit den neuen Formulierungen in Ihrem Leben etwas bewegen wird. Erinnern Sie sich, dass Wörter Bestellkarten ans Universum sind. Wenn Sie aufhören, ›beurteilen‹ zu denken, dann werden Situationen aufhören, in denen Sie beurteilt werden. Es kann ein paar Wochen dauern. Doch es kommt mit Sicherheit.«

Mit diesem Beurteilen haben wir den Kern der Trennung, des Ur-Teilens in ein Wort gefasst. Wer urteilt, sieht die Einheit nicht. Harmonie und Einklang können erst gedeihen, wenn die Bereitschaft wächst, diese Ur-Trennung, dieses Ur-Teilen aufzugeben.

Urteilen kann nur der Kopf. Das Herz wird nie urteilen. Es fühlt mit. Es ist an der Zeit, dass Herz und Kopf wieder zusammenkommen. Dann kann das Herz mitdenken und der Kopf mitfühlen. Ein Weg dahin ist es, das, was wir denken, auch zu fühlen. Daher übe ich es in meinen Seminaren immer wieder, die Wörter zu fühlen. Wir haben gelernt, Wörter zu denken und sachlich zu reden. Jedoch ist alles herzlos, wenn das Herz nicht dabei ist. Indem wir die Trennung aufheben und Herz und Kopf wieder zusammenbringen, wird alles einfach: Es kommt alles in ein gemeinsames Fach. Damit nähern wir uns schrittweise dem harmonischen Zusammenklang von Herz und Kopf. So kommen wir in Harmonie mit uns selbst und werden als Folge davon auch mit unserem Umfeld in Harmonie leben. Natürlich hat das eine wohltuende Wirkung auf die Partnerschaft!

»Das Beurteilen ist die sanfte Form des Verurteilens. Beides schadet uns. Das Urteilen steht dem Glück im Weg. Indem Sie das Wort ›beurteilen‹ bewusst aus Ihrem Wortschatz und damit schrittweise aus Ihrem Denken nehmen und es durch ›sehen‹, ›betrachten‹ oder andere jeweils passende Formulierungen ersetzen, geben Sie sich ein kraftvolles Signal!«

»Schön und gut!«, sagte Michael, »Manchmal muss ich trotzdem etwas beurteilen. Was mache ich denn dann?«

»Machen Sie das Gleiche. Prüfen Sie es, schauen Sie es sich an. Beschreiben Sie, was ist und bleiben Sie aufrichtig. Empfinden Sie es aber bitte nicht mehr als be-ur-teilen. Damit zerteilen Sie etwas von Grund auf. Probieren Sie es aus!«

Michael strahlte. Seine blauen Augen leuchteten wie kleine Sterne: »Ich finde das einen Super-Vorschlag! Ich sage ganz laut Ja zu meinem Glück!«

»Darf ich Ihnen noch eine Anregung geben?«

»Sie sagten gerade, dass das ein Super-Vorschlag ist. Das sehe ich auch so, und ich freue mich immer, wenn jemand ihn gleich aufgreift. Ein Vorschlag tut aber weh. Dieses Wort schwingt so hart. Damit laden Sie sich Härten in Ihr Leben ein. Mit einer Anregung landen Sie leichter und weicher. Ihre Partnerin und auch Ihre Kunden werden sicher eher bereit sein, Ihre Anregung aufzugreifen, als sich einen Vorschlag machen zu lassen. Lassen Sie es uns ausprobieren. Machen Sie einem der Seminarteilnehmer bitte einen Vorschlag und dann machen Sie ihm oder ihr ein Angebot. Untermalen Sie Ihr Reden bitte jeweils mit einer passenden Geste!« Ich freute mich schon auf das, was nun kommen würde.

Es war faszinierend zu beobachten, wie unterschiedlich bei den beiden Varianten die Körperhaltung, die Stimmlage und die Mimik und Gestik aussehen. Michael machte bei »ich habe eine Anregung für Sie« eine sanfte Bewegung mit beiden Händen. Er regte etwas an, damit kam es leicht in Bewegung. Anders war es mit dem Satz »ich mache ihnen einen Vorschlag«. Er hob seine rechte Hand und stellte die Hand senkrecht. Es war wie für einen Handkantenschlag. Dann bewegte er die Hand deutlich ruckartig nach vorn. Ich zeigte ihm dann meine Gestik für Vorschlag: Ich schlug mit meiner Hand auf meine Stirn. Er war etwas verblüfft.

»Mit der Gestik wird ein für mich unerwarteter Aspekt der Kommunikation sichtbar. Wenn ich die Sprache wörtlich nehme, dann enthüllt sie wirklich eine tiefere Dimension! Das war mir nicht bewusst. Ein Vorschlag fordert heraus, den Schlag rechtzeitig abzuwehren oder ihm aus dem Weg zu gehen.« Er legte seine Stirn in Falten und biss sich auf seine Unterlippe. Er war ganz konzentriert und schwieg.

Dann sagte er: »Ich mache täglich etliche Kostenvoranschläge. Das werde ich ummodeln. Ich werde von jetzt an Angebote machen!«

»Genau!«

Gewalt in der Sprache

Wir sprachen danach noch weiter von den Schlägen in der Sprache und im Leben. Die Gewalt beginnt beim Denken und Sprechen. Erst wenn wir es schaffen, das Gewalt-Denken in unseren Köpfen aufzulösen, sind wir wirklich bereit für den inneren und äußeren Frieden. Indem die Sprache weicher wird, wird es auch leichter, die Gewalt im Leben aufzulösen. Wir trugen einige Wörter zusammen, die von ihrer Grundbedeutung her etwas mit Gewalt zu tun haben und notierten: Vorschlag, Ratschlag, Anschlag an der Pin-Wand, Kostenvoranschlag, etwas schlagartig erkennen, es geht Schlag auf Schlag, etwas haut hin oder haut auch nicht hin, jemandem etwas um die Ohren hauen, jemanden am Telefon abwürgen, eine Aufgabe bewältigen und viele mehr.

In all diesen Wörtern schwingt bewusst oder unbewusst die Gewalt mit. Die Gewalt beginnt tatsächlich beim Denken und Sprechen, und zwar nicht nur in dem Sprechen von der konkreten Gewalt, sondern auch bei dem völlig unbewussten Gebrauch dieser Wörter. Daran zeigt sich, wie tief das Gewaltdenken in unseren Zellen eingeprägt ist. Wir können uns aktiv von ihm lösen, indem wir uns die wörtliche Bedeutung dieser Wörter und ihre emotionale Botschaft bewusst machen.

Michael hatte in seinem aktiven Wortschatz nur wenige von diesen Wörtern. Dennoch wollte er in der nächsten Zeit mehr darauf achten. Wiederum war er fasziniert von dem Zusammenhang, den ich herstellte.

»Ich wünsche Ihnen, dass Ihre Wünsche in Erfüllung gehen, die beruflichen und die privaten und die gesundheitlichen. Im Augenblick sind einige Härten da, die Sie auf Dauer nicht haben wollen. Diese Härten finden sich bei dem ›Vorschlag‹ und einigen anderen Ihrer Redewendungen wieder. Lösen Sie sie da auf, und Sie werden sehen, welch wohltuende Wirkung diese kleine Korrektur in Ihrem Denken und Sprechen hat!«

»Das verwirrt mich. Ich dachte, meine Sprache ist oder war eher zu schwammig? Jetzt ist auf einmal zu viel Härte darin?«, fragte mich Michael.

»Das ist auch so. Die Füllwörter und die Wischiwaschi-Sprache hatten die Sprache schwammig gemacht. Da haben Sie ja schon kräftig aufgeräumt. Das Schwammige und die Härten in der Sprache schließen sich nicht aus. Es ist eher so, dass die Wischiwaschi-Sprache die Härten in der Sprache etwas kaschiert.«

Schon bei seinem nächsten Bürotag änderte Michael in seinem Betrieb etwas: Er gestaltete die Vorlage für seine Kostenvoranschläge um und machte von nun an nur noch Angebote. Mit dieser neuen Wort-Wahl – es war wirklich seine Wahl – hat er bewusst eine weichere Schwingung erzeugt. Da können auch andere Menschen leicht mitschwingen. Das hat sich im wahrsten Sinn des Wortes bezahlt gemacht.

Sprache und Sexualität

In den folgenden Wochen und Monaten schliff Michael weiter an seiner Sprache. Seine Sätze blieben wohltuend kurz und schwangen immer weicher. Seine Sensibilität für die Wirkung der Sprache wuchs beständig, und er lernte, die Sprache immer besser kreativ und konstruktiv einzusetzen. Er hatte erkannt, dass Wörter tatsächlich Bestellkarten sind und ging achtsam mit diesem neuen Wissen um.

Ich fragte ihn: »Wie geht es Ihnen mit ihrer Partnerin? Haben Sie mehr Zeit miteinander?«

»Wir haben mehr Zeit miteinander. Noch mehr beglückt uns, dass die Art, wie wir miteinander sind, anders geworden ist. Meine Partnerschaft hat eine Nähe und Intensität gewonnen, die uns beide beglückt. Auch die Sexualität ist noch schöner geworden. Ich kann das gar nicht in Worten ausdrücken, was da jetzt anders ist. Es ist einfach wundervoll. Julia nimmt auch manches von dem an, was ich ihr von hier erzähle. Ich lasse sie an meiner Entwicklung teilhaben und erzähle ihr, auf was ich in der Sprache gerade achte. Ja, es gibt noch etwas: Ich gönne mir endlich wieder einen Urlaub!«

Es fügte sich bei den beiden manches. Immer wieder kam ihnen der Zufall zu Hilfe. Erst wunderten sie sich. Und dann begannen sie zu begreifen, dass sie mit ihrer neuen inneren Einstellung und mit ihrem gewandelten Denken und Sprechen sich das herbeiwünschen konnten, was sie erleben wollten. Das fanden beide unendlich schön und aufregend. Michaels Achtsamkeit mit der Sprache färbte ab und trug vielfältige Früchte.

Ja zum Leben sagen

Michael erlebte mit wachen Sinnen die Wirkung der Sprache, seiner eigenen Sprache. Er war ganz und gar bereit, sich auf das Leben einzulassen. Zum Leben gehören die Höhen und die Tiefen wie die Wellenberge und die Wellentäler zum Meer.

Wer wirklich Ja zum Leben sagt, der sagt auch Ja zu den Höhen und den Tiefen. Sie sind das Leben.

Ich fragte ihn: »Können Sie Ja sagen zu allem, was Sie erleben? Nur wenn Sie Ja sagen können, können Sie das wandeln, was Sie gerne anders haben möchten. Das ist das Ja zum Leben!«

»Das mag schon sein. Aber wenn ich etwas ganz schrecklich finde, dann kann ich dazu wirklich nicht Ja sagen. Da sage ich Nein!«

»Und ich sage dennoch Ja. Ich sehe und erlebe, dass etwas so ist, wie es ist. Ich nehme die Realität als gegeben an. Es bringt nichts, dass ich sie ablehne. Dann gebe ich nur noch mehr Energie in das, was ich nicht haben will. Ablehnen heißt ganz wörtlich, etwas weg-lehnen. Dafür muss ich Energie dorthin geben. Ich sage lieber Ja und bestätige damit die Realität.

Und wenn mir die Realität nicht angenehm ist, dann kann ich mich daran machen, entweder die Umstände oder meine Einstellung zu ändern. Eines von beiden ist immer möglich. Die dritte Möglichkeit ist krank zu werden. Für mich ist das das Biblische: ›Geht hin und wandelt!‹ Früher konnte ich mit diesem Satz nichts anfangen. Da habe ich geglaubt, dass das Wandeln Spazierengehen und Lustwandeln bedeutet! Jetzt gehe ich hin und wandle – entweder die Umstände oder meine Einstellung.«

»Hm, das ist ein neuer Blickwinkel. Das geht aber nicht von heute auf morgen!«

»Es geht leichter, als Sie vielleicht im Augenblick glauben. Sie können sich noch heute für diesen neuen Blickwinkel entscheiden. Das ist eine Sache von einem kurzen Augenblick. Die Entwicklung selbst darf Wochen und Monate, ja ein ganzes Leben dauern. Der bewusste und achtsame Umgang mit der Sprache macht die innere Entwicklung leicht. Das ist ein zentrales Anliegen von LINGVA ETERNA®.«

Mit dem Herzen danken

»Danke!« ist vielfach nur eine Floskel. Der Dank wird so oft gesagt und nicht immer gefühlt. Dabei tut jeder ehrliche und mit dem Herzen empfundene Dank beiden Seiten gut: demjenigen, der dankt und demjenigen, der den Dank empfängt. Dankbarkeit öffnet wirklich breite Tore zu mehr Glück und Wohlbefinden. Jeder bewusst gefühlte Dank ist eine Bestellkarte für mehr Gelegenheiten, in denen wir allen Grund haben, Dankbarkeit zu empfinden. Wenn der Dank nicht vom Herzen kommt, sondern nur eine Floskel ist, dann kommt er aus dem Kopf und nicht aus dem Herzen.

»Das Wort ›Dankeschön‹ ist eine Bestellkarte für viel Schönes, wenn Sie den Dank ehrlich fühlen. Gedanken und Gefühle tragen Schöpferkraft in sich. Das, was Sie fühlen und denken, bestimmt Ihr Leben von morgen. Seien Sie dankbar, fühlen Sie in Ihrem Herzen Dankbarkeit und sprechen Sie Ihren Dank auch aus. Dann werden Sie große Freude und viel Erfüllung erleben! Lassen Sie uns auch hier Wörter bewusst wahrnehmen, ihren Sinn und die gefühlte Botschaft.«

Erst sammelten wir Wörter mit dem Grundwort ›danken‹: Dankbarkeit, Dank schulden, sich bedanken, danke schön. Die Österreicher sagen ›Vergelt's Gott‹ – eine schöne Formulierung, wenn sie sie auch so fühlen und meinen!

Dann machten wir Wortproben. Wir sagten jeweils ein Wort oder eine Redewendung miteinander laut und wiederholten sie. Wir fühlten und nahmen den gedachten Sinn wahr.

Wir spielten dann »Schenken«. Ich nahm den Blumenstrauß, der auf dem Tisch stand und schenkte ihn Michael. Ich wollte wissen, wie Michael sich bedankt, wenn er etwas geschenkt bekommt. Er sagte etwas erstaunt: »Dankeschön!« und schaute dabei auf die Blumen. Dann probierten wir abwechselnd mehrere Möglichkeiten aus und hatten Spaß dabei. Es war richtig lustig. Wir testeten die merkwürdigsten Floskeln. »Danke, das wäre nicht nötig gewesen!« oder »Oh, jetzt haben Sie sich in Unkosten gestürzt (ob der Sturz hart war?)« waren Höflichkeitsfloskeln, die die Gabe des anderen zurückwiesen und nur scheinbar annahmen.

Michaels ›Dankeschön‹ war liebenswürdig und freundlich. Im Gegensatz dazu sind viele ›danke« im Alltag nur so gesagt, weil man eben ›danke‹ sagt. Wenn mit dem Wort ›Danke‹ nicht auch das Gefühl von Dankbarkeit ankommt, dann ist der Dank nur gedacht. Der Dank kommt dann aus dem Kopf und nicht aus dem Herzen.

Ich wünschte Michael, dass sein Dank noch wärmer und voller klingt und dass er ihn noch intensiver empfindet. Je freudiger und bewusster er den Dank fühlen konnte, desto besser ist die Wirkung dieses Wortes in seinem Leben. Gerade das Wort ›Danke‹ hat eine stark heilsame Wirkung. Der japanische Wissenschaftler Masaru Emoto hat mit seinen Wasserbildern nachgewiesen, dass Wörter eine Wirkung auf das Wasser haben und sich in ihm abbilden. Er hat dies mit Musik und auch mit Wörtern gemacht. Sein Bildband »Die Sprache des Wassers« zeigt auf beeindruckende Weise, dass Wasser Informationen aufnimmt und in seinen Kristallen speichert. Wir Menschen bestehen zu etwa siebzig Prozent aus Wasser. Wir können diesen Wasseranteil durch unser Denken und Fühlen beeinflussen. Ein tief empfundener Dank hat eine heilsame und ordnende Wirkung. Dies gilt sicher nicht nur für die einzelnen Wasserkristalle in Masaru Emotos Darstellungen, sondern auch für den ganzen Menschen.

Als ich den tiefen Sinn dieser Wasserbilder erfasste, war ich tief berührt. Mir war klar, dass genau diese Bilder eine wertvolle Erklärung für die Wirkungsweise von LINGVA ETERNA® sind.

»Michael, sagen Sie bitte noch einmal ›Dankeschön!‹ und fühlen Sie es! Lassen Sie sich Zeit, dieses Wort in Ihrem ganzen Körper bis hinein in Ihre großen Zehen zu fühlen! Nur so speichern Sie die neue Information gründlich in Ihre Zellen ein!« Er ließ sich Zeit und sagte nochmals »Dankeschön« und ergänzte spontan: »Ich freue mich!«

»Das ›Dankeschön‹ war jetzt schon viel besser. Da schwingt viel mehr Gefühl mit. Es klingt dennoch nicht so, wie ich mir ein Dankeschön vorstelle. Es klingt eher wie ein Freudenausruf.«

»Ja, so meine ich es auch!«

»Dankbarkeit ist ein anderes Gefühl als Freude. Es ist noch viel tiefer. Die Menschen haben weitgehend verlernt, dankbar zu sein und dieses tiefe Gefühl zu erleben. Da sind Sie nicht allein. Es ist wunderbar, wenn die Freude und die Dankbarkeit zusammenkommen. Die Freude haben Sie schon.

Entdecken Sie nun die Dankbarkeit als den wahren Schlüssel zum Glück. Wenn Sie jemandem ›Dankeschön‹ sagen, dann ist dies für ihn oder sie schön, und er oder sie wird den Dank im Allgemeinen gern annehmen. Der Hauptteil liegt bei Ihnen selbst: Mit dem empfundenen, ehrlichen Dank tun Sie in erster Linie sich selbst etwas Gutes!

Sagen Sie bitte das Wort ›Dankeschön‹ ein paar Mal langsam und lassen es sich auf der Zunge zergehen. Fühlen Sie dabei den Dank. Horchen Sie in sich hinein und lauschen Sie, was dieses Wort mit Ihnen macht!«

Michael wiederholte »Dankeschön! – Dankeschön! – Dankeschön! – Dankeschön!« Er fühlte erst nur wenig. Dann fühlte er Freude, aber nicht Dankbarkeit. Das fand er übertrieben. Er zuckte mit den Schultern.

»Dann machen Sie das noch einmal, und ich gebe Ihnen ein Hilfsmittel!«, sagte ich. »Ich schenke Ihnen den Blumenstrauß noch einmal, und Sie bedanken sich bei mir. Stellen Sie sich bitte ein großes, weiches flauschiges Herz vor, das zwischen Ihnen und mir leuchtet. Sie erreichen mich nur durch das Herz. Jetzt sagen Sie es noch einmal mit Herz!«

Jetzt klang das ›Dankeschön‹ wesentlich wärmer und voller. Auch die Mimik und Gestik war deutlich weicher. Er schaute mir jetzt dabei auch in die Augen und nicht wie vorher auf die Blumen.

»Lenken Sie in Ihrem Leben Ihren Blick und Ihre Aufmerksamkeit auf das, was Sie in Ihrem Leben gut und schön finden. Empfinden Sie dafür bitte tiefe Dankbarkeit. Dieser Dank wird Ihnen selber gut tun. Mit jedem ehrlich gefühlten Dankeschön laden Sie viele, viele Situationen in Ihr Leben ein, in denen Sie allen Grund haben, erneut ›Dankeschön‹ zu sagen.

Aus diesem Grund sagen Sie, wenn Sie sich bei jemandem bedanken, den Dank mit dem Herzen, und wenn es am Anfang mit dem großen roten Flauschherz ist! Sie können auch bewusst eine für Sie ungewohnte Formulierung wählen. Auf diese Weise empfinden Sie den Dank deutlicher, als wenn Sie ihn schon hunderte von Malen auf die immer gleiche Weise gesagt haben. Ich sage gern: ›Ich danke dir!‹ oder ›ich danke Ihnen!‹. Das gebräuchliche ›danke‹ ist übrigens eine Kurzform von diesem Satz, gleichsam der Rest. Der Dankende und der Angesprochene, das ›ich‹ und das ›dir‹ oder ›ihnen‹ sind hier nicht dabei.

Ich sammelte gemeinsam mit Michael Anlässe und Dinge, für die wir beide in unserem Leben dankbar sind. Die Liste wurde immer länger: für die Gesundheit, für den Partner, für die Arbeitsstelle, für den Garten, für die gute Nachbarschaft, für die Kinder. Mit der Zeit kamen auch Gedanken wie die Dankbarkeit für eine freie Stunde, für eine unerwartete Freude, für den Duft der Rosen und vieles mehr.

Michael sagte: »Vieles ist einem so selbstverständlich. Ne. Nicht ›einem‹. Vieles ist mir so selbstverständlich. Ich merke oft erst dann, was ich hatte, wenn ich es nicht mehr habe. Erst als ich so viel Hetze hatte, merkte ich, dass mir die Muße verloren gegangen war. Und es ist mir auch selbstverständlich, dass ich eine Partnerin an meiner Seite habe. Ich werde ihr sagen, wie viel sie mir bedeutet, sobald ich daheim bin!«

»Integrieren Sie diesen innigen Dank in Ihre Alltagssprache und in Ihren Alltag.

Sagen und fühlen Sie immer wieder diese tiefe Dankbarkeit. Es gibt so viele Gelegenheiten! Sie werden sehen, dass sich Ihre Welt, Ihre Wirklichkeit von da an ändern wird. Und an jedem Abend betrachten Sie noch einmal den Tag und fragen sich, was gut gegangen ist und Ihnen Freude bereitet hat. Fühlen Sie dafür Dankbarkeit. Energie folgt der Aufmerksamkeit. Wenn Sie sich mit Beglückendem befassen, dann werden Sie mehr Beglückendes erleben. Damit geht die Aufwärtsspirale weiter!«

»Ich danke Ihnen!«, sagte Michael.

»Ich gebe den Dank an den Himmel weiter!«

Alles erfüllt sich der Reihe nach

Am Ende des knappen Dreivierteljahres, in dem ich Michael begleiten durfte, sagte er mir, dass die Zeit mit LINGVA ETERNA® ihn an sein glücklichstes Jahr erinnert. Das war, als er beruflich ein Jahr in New York lebte und die Sprache noch nicht ganz flüssig beherrschte. Er war damals voller Pläne, alles war so wunderbar neu. Er hatte jeglichen Ballast zurückgelassen, und er hatte nur das gesagt, was er sagen wollte. Für umständliche Sätze und hohles Reden hatten seine Sprachkenntnisse nicht gereicht.

Er hat in den letzten Monaten seine Muttersprache neu gelernt und sein Denken in völlig neue Bahnen gelenkt. Mit diesen neuen Möglichkeiten kann er sich genauso frei fühlen und entfalten wie damals in New York. Er war rundherum glücklich mit sich und seiner Partnerin.

Alles ist leichter geworden, auch er selber. Jetzt konnte er sich morgens freudig im Spiegel betrachten.

Ich rief ihn kürzlich an und fragte, wie es ihm geht: »Mir geht es prima. Ich mache gerade ein verlängertes Wochenende am Meer. Ich denke oft an Sie! Und was die ›Beziehungskiste‹ angeht, so geht alles bestens! Ich habe meine Ziele. Und alles erfüllt sich der Reihe nach! Das Leben ist einfach schön! Ich danke Ihnen!«

Erfrischende Tipps

- Lassen Sie in der Mittagspause die Termine links liegen.
- Die innere Struktur bringt eine klare Linie ins Leben. Bilden Sie statt langer Sätze klare, kurze Sätze.
- Füllwörter sind Erfolgsverhinderer: Streichen Sie das Wort ›eigentlich‹.
- Das Federbrett stabilisiert das innere Gleichgewicht und erhöht die Aufmerksamkeit.
- Bauen Sie vor dem Reden den Kontakt auf mit den drei A: ansprechen, anschauen und atmen.
- Hören Sie auf zu urteilen: Alles wird einfach.
- Schwingen Sie mit dem Leben: Ein Vorschlag ist hart. Ein Angebot kommt leichter an.
- Sagen Sie Ja zum Leben. Ablehnen bindet Energie.
- Danken Sie mit dem Herzen. Das ist der wahre Schlüssel zum Glück.

Andrea fühlt sich überfordert

Andrea lebte mit ihrem Mann und dem gemeinsamen Sohn zusammen. Sie hatten sich dieses Kind gewünscht, doch die Realität sah anders aus, als sie es sich vorgestellt hatten. Andrea fühlte sich bei der Erziehung ihres Kindes von ihrem Mann vielfach allein gelassen und daher überfordert. Sie engagierte sich mit einer grenzenlosen Bereitschaft und Hingabe für den Jungen. Den Mann sah sie kaum, da er sich beruflich stark engagierte und, daheim angekommen, Zeit für sich selbst in Anspruch nahm. Er fand das so vollkommen in Ordnung. Dies entsprach seiner Vorstellung von Rollenaufteilung. Andrea war verzweifelt. Für sie gab es keinen persönlichen Freiraum mehr.

Ich durfte Andrea, die damals etwa Mitte dreißig war, für den Zeitraum von eineinhalb Jahren mit Seminaren und Beratungen begleiten und miterleben, wie sie aufblühte. Das damals neue Seminar Mission – Vision brachte sie am Ende dieser Zeit kraftvoll auf den Weg.

Gefühl des inneren Zerrissenseins

Ich empfand Andrea von Anfang an als eine interessante Erscheinung. Ihre Augen strahlten eine große Tiefe und eine noch verborgene innere Kraft aus. Gleichzeitig wirkten sie müde. Andrea war eine Schönheit, doch versteckte sie diese Schönheit hinter einer allzu weiten und etwas langweiligen Kleidung. Sie schminkte sich nicht. Ihre Haltung war etwas gebeugt. Das ließ sie älter wirken. Es war, als ob sie sich am liebsten klein machen und bei Bedarf untertauchen wollte.

Bei ihrem ersten Besuch erzählte Andrea von ihrem Alltag. Sie hatte einen hohen Anspruch an sich und erfüllte alle ihre Aufgaben so perfekt wie möglich. Das galt für ihren Beruf, den sie derzeit nur stundenweise ausübte, und für ihre Aufgaben in der Familie. Dennoch war sie am Ende eines Tages selten wirklich zufrieden mit dem, was sie erreicht hatte.

Mit ihrem Mann erlebte sie damals viel Reibung. Am meisten ärgerte sie sich darüber, dass Rudolf unordentlich war und beim Heimkommen sein Jackett, seine Aktentasche und seine Straßenschuhe aus ihrer Sicht irgendwo und irgendwie im Eingangsbereich und auch an anderen Stellen der Wohnung ablegte und sich dann nach einer flüchtigen Begrüßung glücklich und zufrieden mit einer Zeitung auf dem Sofa niederließ und hinter ihr verschwand.

Das reizte sie bis zur Weißglut. So richtig begann sie innerlich zu kochen, wenn er dann nach einer halben Stunde in aller Seelenruhe und ganz freundlich fragte, wann es denn Abendessen gibt.

Es war nicht das Zeitungslesen und Ausruhen nach einem anstrengenden Tag, das sie an Rudolf ärgerte. Es war die Art und Weise, in der dies alles geschah. Sie fühlte sich nicht geachtet und ausgenutzt.

Tief in ihrem Innersten grollte sie ihm wegen seiner Freude am erfüllten, gut bezahlten Beruf, während sie Tage um Tage zwischen Sandkasten, Wäschebergen und Kinderspielsachen lebte. Sie fühlte sich klein und abhängig.

Sie war mit sich nicht im Reinen. Einerseits war sie froh und dankbar, dass sie ein Kind hatten und wollte gerne für es da sein, andererseits war ihr alles zu viel. Sie fühlte sich von den Umständen eingeengt und hatte das Gefühl, dass sie ihr Potential nicht entfalten konnte. Sie fand an ihrem Wohnort nicht den Raum, an dem Kinder ihre Kreativität entfalten und einfach leben durften. Sie musste diesen Raum andauernd selber schaffen und fand das extrem anstrengend. Inzwischen weiß sie, dass das genau der richtige Rahmen war, um sich für ihre Lebensaufgabe vorzubereiten. Es ist ihre Mission, Kindern einen Rahmen zu schaffen, in dem sie ihre Kreativität leben und ihr Potential entfalten können. Doch damals hatte sie diese Erkenntnis noch nicht und konnte folglich diesen Blickwinkel noch nicht einnehmen.

Andrea war das Gefühl des inneren Zerrissenseins bewusst. Doch fand sie bislang keine Lösung, um die Dinge in eine für alle erfreuliche Richtung zu bewegen. Sie wusste nur eines: So ging es nicht weiter. Und das war auch Rudolf klar.

Beliebtes Füllwort: aber

Ich hörte Andrea sprechen. Ihr Dilemma spiegelte sich in ihrer Sprache wieder. »Einerseits und andererseits« gehörte ebenso in ihre Alltagssprache wie »entweder so oder so«. Sie hatte es sich angewöhnt, so zu denken. Sie stellte die Möglichkeiten nicht nebeneinander, um sie nebeneinander zu sehen, sondern um die eine oder die andere auszuschließen. Wenn sie so sprach, dann war das Dilemma zu hören, in dem sie stand. Das war ihr Dilemma, wie sie selbst sagte. Sie war nicht in der Lage, die Dinge auch so zu sehen: Sie hatte immer zwei oder drei Möglichkeiten und damit immer eine Wahlmöglichkeit. Manchmal können auch zwei oder mehr Dinge gleichzeitig sein. Dieser Blickwinkel war ihr versperrt.

Ebenso war das kleine Wörtchen ›aber‹ fester Bestandteil ihrer Sprache. Sie sagte es oft und merkte es selber nicht. Das klang bei ihr beispielsweise so: »Da bin ich aber neugierig … Das habe ich auch gehört, aber …« und viele weitere ähnliche Sätze. Ihr war nicht bewusst, dass sie mit jedem ›aber‹ die Aussage des vorangegangenen Satzes in Frage stellte. Das ›aber‹

war bei ihr Gewohnheit geworden. Damit schuf sie sich immer wieder ein neues Dilemma. Aussagen, die sie im nächsten Satz bereits in Frage stellt, bewirken Irritationen und laden folglich immer neue Irritationen und Hindernisse ins Leben ein. Wörter sind eben Bestellkarten.

Des Weiteren nahm ich bei ihr eine ausgeprägte Wischiwaschi-Sprache mit viel ›man‹, ›sollte‹, ›könnte‹, ›eigentlich‹ und zahlreichen weiteren Füllwörtern wahr. Diese Sprachgewohnheiten erschweren jede Partnerschaft, da sie Missverständnisse und gegensätzliche Meinungen mit sich bringen.

Den anderen bewusst wertschätzen

Am dringlichsten erschien es mir, Andrea eine Anregung mit nach Hause zu geben, damit sie mit der Unordnung ihres Mannes besser klar kam. Wie bei jeder anderen misslichen Situation hatte sie drei Möglichkeiten. Sie konnte die Umstände ändern, die Einstellung ändern oder krank werden.

Ich eröffnete ihr einen neuen Blickwinkel für sein Verhalten:

»Betrachten Sie es doch einmal so: Bei Herdentieren verlangt das Oberhaupt der Herde die Anerkennung der Herde. Es will sich als Oberhaupt wahrgenommen wissen. Tiere achten darauf, diesen Status sichtbar zu machen. Ich bin der Meinung, dass wir Menschen davon gar nicht so weit weg sind. Könnte es sein, dass Ihr Mann gleichsam markiert, indem er seine Dinge an verschiedenen Stellen ablegt und dort liegen lässt? Wenn dem so ist, dann tun Sie sich sehr viel leichter, wenn Sie ihn beim Heimkommen würdig und liebevoll begrüßen und ihm die ihm zustehende Achtung und Beachtung schenken!«

»Hm, aufs Erste fällt mir das schwer. Einsehen mag ich es ja etwas, doch habe ich keine Lust, ihn noch mehr zu bedienen und vielleicht gar zu hofieren. Es reicht mir schon so!«

»Hofieren meine ich nicht. Mir geht es um ein bewusstes Wertschätzen und Achten. Es geht um Sie, nicht um ihn! Mir ist daran gelegen, dass Sie sich wieder wohl fühlen! Sein Wohlbefinden habe ich jetzt nicht primär im Blick. Sie sind ja hier und nicht er! Schenken Sie Achtung und Beachtung, und Sie werden beachtet und geachtet werden. Tun Sie es für sich, wenn Sie ihn achten. Und noch eines mag ich anmerken: Rudolf kann nichts dafür, dass Sie eine andere Vorstellung von Ordnung haben als er und sich in Ihrem Alltag gleichzeitig überfordert und unterfordert fühlen.«

Andrea meinte: »So habe ich das noch nicht gesehen.«

Ich sagte weiter: »Lassen Sie die alte Vorstellung los, dass Sie reagieren und ihn bedienen, weil er Sie dies tun lässt. Dieses Mal tun Sie es, weil Sie es so tun wollen. Sie reagieren dann nicht, sondern agieren. Damit handeln Sie selbstbestimmt und nicht fremdbestimmt. Sie dürfen sicher sein, dass alles, was Sie tun, wieder zu Ihnen kommt. Jede liebevolle Handlung wird Ihnen vielfach vergolten, und jede lieblose Handlung auch. Erwarten Sie nicht, dass Ihr Mann Ihnen das Gute tun wird. Irgendjemand wird es tun. Es ist wie mit einem Bumerang. Sie werfen ihn in die eine Richtung, und er kommt auf der anderen Seite wieder. Lassen Sie also die Idee los, dass Ihr Mann sich ändert. Erkennen Sie die Gesetzmäßigkeiten, denen das Leben folgt, und zeigen Sie Größe!

Wollen Sie jetzt die herkömmliche und danach eine mögliche neue Begrüßung ausprobieren und ihre Wirkung erleben?«

Achtungsvolle Begrüßung

Andrea war bereit. Sie wollte wissen, wie es sich für sie anfühlt. Sie hatte die Befürchtung, dass sie sich damit demütigen würde. Im Rollenspiel probierten wir einige Formulierungen aus. Schließlich fand Andrea eine, mit der sie sich wohl fühlte: »Rudolf, da bist du wieder! Komm herein! Darf ich dir dein Jackett abnehmen und es aufhängen?«

Sie ging zu ihm hin und begrüßte ihn richtig, und nicht nur aus der Ferne. Sie ließ dafür die Arbeit, die sie gerade machte, liegen. Damit erwies sie ihm Achtung. Sie sprach ihn mit seinem Namen an, schaute ihm bewusst in die Augen und nahm ihm das Jackett ab.

Sie meinte erst, dass sie dafür über ihren Schatten springen müsste.

»Das kommt darauf an, wo Sie stehen. Wenn Sie ins Licht sehen und die Sonne vor sich haben, dann ist der Schatten hinter ihnen. Schauen Sie sich die mögliche gute Entwicklung an, sie ist das Licht. Dann gibt es keinen Schatten, über den Sie springen müssen. So zeigen Sie Größe!«

Der Kursteilnehmer, den Andrea in dem Rollenspiel für ihren Mann ausgewählt hatte, gab ihr danach einen sehr ermutigenden Kommentar:

»Wenn du mich mit meinem Vornamen ansprichst, den Blickkontakt suchst und diese wenigen Augenblicke so ganz für mich da bist, dann fühle ich mich wirklich geachtet und empfinde sehr viel mehr Bereitschaft, mitzumachen und mich einzubringen. Ich würde dich richtig in den Arm nehmen und dir sagen, dass ich gerne wieder bei dir daheim bin!«

Das berührte Andrea. An diese Möglichkeit hatte sie nicht gedacht.

»Und wie war das für Sie, Andrea?«, fragte ich sie.

»Das ist viel besser, als ich glaubte! Ich mache das daheim!«

Sie schrieb die neue Begrüßung gleich auf, um sich besser erinnern zu können. Nun freute sie sich schon darauf, ihren Mann damit nach seinem Bürotag begrüßen zu können.

Mehr Präsenz zeigen

Als nächstes leitete ich sie an, gezielt ihr Selbstwertgefühl aufzubauen. Das war ein Kernpunkt bei ihr. Hier spielten die Füllwörter, das ›man‹ und auch die großen Erfolgsverhinderer ›könnte‹, ›hätte‹, ›würde‹ und ›sollte‹ eine wesentliche Rolle. Und sie lernte das schöpferische Dreieck kennen.

Sie war bereit, sich auf sich einzulassen und konnte daher leicht mitmachen. Sie wiederholte ihre Sätze geduldig und hörte sich auf diese Weise selber sprechen. Sie stellte sich daheim eine Eieruhr, die alle Stunde klingelte und sie an ein paar langsame Sätze erinnerte. Sie begann, ihre Sätze zu fühlen. Dabei spürte sie, wie schwammig viele von ihnen waren. Sie begleitete ihre Arbeiten im Haushalt in den ersten zwei, drei Monaten immer wieder mit ihren eigenen Worten: »Ich bügle eine Hose« und noch einmal ebenso langsam und bewusst »ich bügle eine Hose«.

Auf diese Weise kam sie mit sich selbst viel besser in Kontakt. Damit fühlte sie sich selber, ihren Körper und ihre Gefühle und sie bekam mit, was sie sagte, wenn sie laut dachte. Und ihre Gedanken konnten nicht mehr so leicht davonhuschen und sich selbständig machen. Sie war bereit, ihre Wörter und Sätze zu fühlen und später Formulierungen zu wählen, die für sie klar und in sich harmonisch klangen.

Als Folge davon wurde ihre Ausstrahlung binnen weniger Wochen deutlich klarer und strahlender. Andrea bekam mehr Präsenz. Sie war einfach da, mit all ihrem Sein. Die immer klarer hervortretende Eindeutigkeit ließ sie innerlich und äußerlich wachsen. In dieser Zeit nahm sie den Kopf hoch und richtete auch ihre Schultern auf. Das kam von selbst mit der gewandelten, klaren Eigenwahrnehmung. Bekannte und Freunde sprachen sie auf ihre aufrechte Körperhaltung an. Sie hatte sie bis dahin noch gar nicht wahrgenommen. Sie merkte nun, dass ihre oft schmerzhaften Nackenverspannungen fast weg waren. Das freute sie ganz besonders! Sie wusste, dass dies alles miteinander zu tun und dass sie schon viel erreicht hatte.

Bedürfnisse klar artikulieren

Andrea erzählte einige Wochen später, dass das Zusammenleben mit ihrem Mann deutlich leichter geworden war:

»Jetzt reden wir wieder mehr miteinander und zwar nicht nur von organisatorischen Dingen, sondern auch von uns selbst. Das war in dieser Form neu. Ganz früher war das so gewesen und jetzt schon lange nicht mehr. Das tut uns beiden gut. Dabei sind uns nicht nur Gemeinsamkeiten, sondern auch manche grundlegenden Unterschiede zwischen uns deutlich bewusst geworden. So können wir uns besser verstehen, weil wir es jetzt deutlich sehen können. Wir haben mehr Freude an- und miteinander und weniger Auseinandersetzungen.«

Andrea konnte sich nun ehrlich eingestehen, dass sie in den letzten Jahren ihre eigenen Bedürfnisse in hohem Maße in den Hintergrund gestellt hatte. Nun begann sie, ihre Bedürfnisse klar und deutlich zu artikulieren und nicht mehr wie noch vor wenigen Wochen verklausuliert und mit einigen Fragezeichen. Auch das war neu und wohltuend für beide. Sie sagte nicht mehr: »Es wäre schön, wenn wir einmal wieder miteinander ins Theater gehen könnten.« Jetzt weiß sie klar, was sie erreichen will und sagt es auch so: »Lieber Rudolf, ich habe Lust, mit dir heute ins Theater zu gehen. Magst du mitkommen?«

Dabei darf Rudolf auch nein sagen und sie ist nicht beleidigt. Das gibt viel mehr Freiheit miteinander.

Andrea hatte fleißig ihre Sprache geputzt, bis sie einen so klaren Satz herausbrachte und sich dabei gut fühlte. Die wohltuende Wirkung war der Lohn für die Achtsamkeit, die sie dafür aufgebracht hatte.

Ich fragte sie: »Wie ist es jetzt mit der Unordnung beim Heimkommen? Ist das noch ein Thema?«

»Auch das ist viel besser geworden! Die Anregung vom letzten Mal hat mir viel gebracht. Die Unordnung ist kein so zentrales Thema mehr. Ich habe erkannt, dass es gar nicht nur an Rudolf liegt, sondern an mir selbst. Rudolf hat, angesteckt von meinem gründlichen und konsequenten Auf- und Ausräumen in meinen Schränken, damit begonnen, in seinem Büro und in seinem Kleiderschrank das Gleiche zu tun. Das hätte ich nicht für möglich gehalten. Gerade bei Rudolf! Der sammelt doch so gerne!« Sie lachte vergnügt. Dann sagte sie weiter: »Wir empfinden es beide als heilsam und befreiend, dass wir uns von Altem lösen, das wir nicht mehr brauchen oder auch noch nie gebraucht haben.«

Mit diesem äußeren Aufräumen ging bei beiden auch ein inneres Aufräumen einher.

Sich einen eigenen Bereich schaffen

Andrea begann sich wohler zu fühlen. Je mehr sie mit sich in Kontakt war und je besser und bewusster sie sich fühlte, desto besser kam sie mit sich in Einklang. So lernte sie es, ihre Bedürfnisse wahrzunehmen und sie auch auszusprechen. Einmal sagte sie, dass ein Teil ihres Unmutes sicher daher kommt, dass in ihrer Familie alle Familienmitglieder einen eigenen Bereich haben, nur sie nicht. Ihr Bereich ist die Küche.

Nun, wenn sie Un-Mut hat, weil sie keinen eigenen Bereich hat, dann ist es an der Zeit, dass sie den Mut findet, sich diesen eigenen Bereich zu schaffen. Ich fragte sie, ob es in ihrer Wohnung einen Raum gibt, der bis jetzt einen anderen Zweck erfüllt und den sie für sich nehmen kann. Andrea wusste gleich einen Raum. Es war der Haushaltsraum für Bügelwäsche, Nähmaschine und Bastel- und Werkartikel. Das Zimmerchen war klein und praktisch, aber nicht schön eingerichtet. Andrea war auch nicht wirklich gern in diesem Raum, obwohl sie einen großen Teil ihrer Arbeiten für den Haushalt hier erledigte. Es stellte sich nun die Frage, wie sie diesen Raum so gestalten konnte, dass er ihr Zimmer wurde.

Der erste Schritt war ihre Erkenntnis: Ich wünsche mir einen Raum für mich, in dem ich für mich sein und auch einmal die Türe hinter mir schließen kann. Und es liegt an mir, ihn mir zu erlauben.

Als Zweites fand sie eine Möglichkeit und als Drittes traute sie sich, ihren Wunsch in die Tat umzusetzen. So machte sie sich daran, in Gedanken ihr Zimmer umzugestalten. In Gedanken war es schon ihres! Sie stellte ein gemütliches kleines Sofa für zwei Personen hinein, das sie zum Schlafsofa umwandeln konnte, hängte einen fröhlichen Vorhang auf und tauschte eines der offenen Regale aus gegen einen Schrank. Mit diesen Gedanken befasste sie sich in den nächsten Tagen voller Vorfreude.

Tatsächlich wandelte sich der nüchterne Wirtschaftsraum in den nächsten drei Monaten in ein gemütliches Zimmer, das klar Andreas Handschrift trug. Es ging ganz leicht. Der Zufall half: Andrea konnte einen schönen, alten Schrank von Bekannten bekommen, den sie in ihrer Lieblingsfarbe strich. Da hinein räumte sie die Nähmaschine und das Bügeleisen und weitere nützliche Utensilien. Aus den Regalen gab sie etliche Bücher und Materialien ab, so dass mehr Raum entstand. Sie gönnte sich noch eine Musikanlage und ein Duftlämpchen und auch zwei hübsche Kissen für das Sofa. Ihr Sohn malte ihr Bilder für die Wände. Sie hängte zwei davon auf, die sie besonders schön fand.

Als alles fertig war, atmete Andrea innerlich auf. Sie hatte einen eigenen Raum für sich geschaffen! Sie war glücklich und so richtig im Reinen mit sich.

Es dauerte eine Weile, bis sie ihr Zimmer so richtig als ihr Zimmer annehmen konnte und jegliches schlechte Gewissen hinter sich gelassen hatte. Manchmal kam sie innerlich noch ins Schwanken, und sie fragte sich, ob ihr dieser eigene Bereich denn wirklich zusteht und sie einfach die Türe hinter sich zumachen darf.

»Das eigene Zimmer ist eine gute Übung, um sich auch im Leben abgrenzen zu können und sich Freiräume zu schaffen. Die Mitmenschen erlauben uns immer so viel Freiraum, wie wir ihn uns innerlich selbst erlauben. Wenn Sie es erleben, dass andere Ihnen zu nahe treten und auch im übertragenen Sinn ›zu weit‹ gehen, dann haben Sie Ihre Grenzen nicht klar definiert. Sie können sie dann nicht sehen. Sie können nichts dafür. Erlauben Sie es sich ganz bewusst, in Ihr Zimmer zu gehen und es sich dort gemütlich zu machen. Damit üben Sie auch Freiraum in anderen Bereichen Ihres Lebens ein.«

Andrea war der Meinung, dass sie es immer gezeigt und gesagt hatte, wenn ihr Mann oder ihr Kind über ihre Grenzen gingen. Es war bei ihnen jedoch nicht wirklich angekommen. Nicht so, dass es auf die erwünschte Weise wirkte.

Die Freiraum-Übung

Ich gab Andrea eine Körper-Übung für jeden Tag mit: die Freiraum-Übung. Mit dieser Übung ist es leicht, sich selbst seinen Freiraum mit seinen Grenzen bewusst zu machen und ein inneres Bild davon zu entwickeln. Die Wirkung ist wohltuend. Grenzüberschreitungen werden als Folge davon immer seltener und hören schließlich fast ganz auf. Die Mitmenschen spüren intuitiv, wo der eigene Bereich beginnt und halten diesen Abstand ein. Das hilft übrigens auch beim Einkaufen, da sich andere Kunden nicht mehr vordrängeln.

Als ich das Andrea sagte, begann sie schallend zu lachen: »Das hat ja ganz vielfältige Auswirkungen! Jetzt zeigen Sie mir bitte, wie das geht! Das hört sich einfach gut an!« Und sie schüttelte sich vor Lachen. Die ganze Frau lachte. Andrea kann so wunderbar lachen, und ihr Lachen steckt immer an.

Ich bat sie, aufzustehen und sich so hinzustellen, dass sie um sich herum gut Platz hatte. Dann sollte sie sich langsam um die eigene Achse drehen und dabei ihre Arme so weit ausbreiten, wie es für sie stimmig war.

»Nun sagen Sie langsam mehrfach den Satz: ›Das ist mein Freiraum!‹. Fühlen Sie dabei bitte, wie viel Freiraum Sie derzeit in Ihrem Leben haben!«

Zögernd breitete sie die Arme aus: »Ich habe ganz wenig Freiraum, und ich merke, es liegt an mir. Ich kann meine Arme kaum vom Körper wegbewegen. Dabei hindert mich nichts daran, es zu tun. Ich bin es selbst.«

»Erkennen Sie, dass Sie sich bis jetzt selbst begrenzen und einengen. Es ist verständlich, dass Ihre Mitmenschen Ihnen zu nahe kommen. Wie nah darf jemand an Sie heran kommen? Wo endet ihre Komfortzone?«

Ich ging langsam näher zu ihr. »Bis wohin darf ich gehen?« Dann nannte sie eine Grenze und ich blieb stehen.

»Da dürfen Sie Ihre Arme noch weit ausstrecken!«

»Stimmt!«

Jetzt konnte sie ihre Arme horizontal ausstrecken. Sie stellte sich sogar vor, dass sie an jeder Hand einen langen Stift hatte, um noch einmal zwanzig Zentimeter auf jeder Seite zu gewinnen.

Sie sagte wieder: »Das ist mein Freiraum!« und legte so gut es ging das Gefühl von Freiraum ihre Stimme. Sie wiederholte diesen Satz mehrfach, bis sie sich mit dem neu geschaffenen Freiraum wohl fühlte.

Am Anfang klang dieser Satz recht zaghaft und fast etwas ängstlich. Mit der Zeit wurde die Stimme immer fester: »Das ist mein Freiraum!« Ihre Aussage war nach einigem Üben glaubhaft. Innerhalb dieses Freiraums hatte niemand etwas zu suchen, es sei denn, sie lud ihn ein, näher zu kommen. Ihre Ausstrahlung war fühlbar kraftvoller geworden.

Ich empfahl ihr, diese Übung mehrere Wochen – mindestens einen Monat lang – täglich zwei bis drei Mal durchzuführen und zwar immer so lange, bis sie den mit ihren Armen beschriebenen Raum wirklich als ihren Freiraum fühlen konnte.

Als Folge dieser regelmäßigen Übung begann sie sich im Lauf der nächsten Wochen als Mittelpunkt ihres Lebens wahrzunehmen. Sie drehte sich um ihre eigene Achse und nicht mehr nur um die Bedürfnisse und Angelegenheiten anderer Menschen. Damit kam sie noch mehr in ihrer Mitte an.

Mit dem nun geschaffenen inneren Bild vom eigenen Raum löste sich ihr schlechtes Gewissen hinsichtlich ihres eigenen Zimmers bald auf. Nun hatte sie wie auch Rudolf und wie der Sohn einen eigenen Bereich. Das eigene Zimmer war für Andrea bald ebenso selbstverständlich wie das eigene Zimmer ihres Mannes und das ihres Sohnes. Seit sie sich mit dem Zimmer besser abgrenzen konnte, wurde es für sie leicht, sich zu öffnen. Das tat Andrea selbst gut und war für ihre Partnerschaft wunderbar.

Unbedachte Grenzüberschreitungen in der Sprache

Gleichzeitig mit der Freiraum-Übung gab ich ihr eine weitere Anregung mit, um mit dem Thema Grenzen und Grenzüberschreitungen ins Reine zu kommen: Sie konnte auch hier wieder an der Sprache ansetzen.

Es gibt grenzüberschreitende Redewendungen. Sie sind genauso unbewusst wie die Füllwörter. Diese grenzüberschreitenden Redewendungen finden sich gehäuft bei Menschen, die Grenzüberschreitungen schrecklich finden. Es ist gerade die Ablehnung, die Energie in dieses Thema gibt und Grenzüberschreitungen umso mehr einlädt. Es ist wie bei allem ein Kreislauf: Wer mehr davon spricht, erlebt mehr davon; und wer mehr davon erlebt, der spricht mehr davon. Und diejenigen, die mit Grenzüberschreitungen ein Thema haben, haben die entsprechenden Gefühle mit diesen Wörtern und Redewendungen gespeichert.

Der erste Schritt besteht immer darin, sich diese Redewendungen und ihre nachteilige Wirkung bewusst zu machen. Das klingt leichter, als es ist. Die meisten Menschen merken beim normalen Sprechtempo nicht, was sie genau sagen und können ihren Sprachgebrauch ohne Hinweise von außen daher kaum ändern. Nach dieser ersten Hürde folgt der zweite Schritt. Er ist einfacher als der erste: Wer einmal erkannt hat, dass er mit einer bestimmten Ausdrucksweise jedes Mal eine neue Grenzüberschreitung in sein Leben einlädt, mag diese bald nicht mehr in den Mund nehmen und wählt statt dessen je nach Kontext neue Formulierungen.

Ich sammelte mit Andrea entsprechende Redewendungen. Wir begannen mit dem Wörtchen ›wir‹. Es kann ganz einfach heißen: du und ich. ›Wir‹ kann auch mehr als zwei Personen oder eine ganze Gruppe heißen, in der sich ein »Wir-

Gefühl« entwickelt hat. Dann gibt es den Pluralis Majestatis, wenn einer von ›wir‹ spricht und sich selbst meint. ›Wir‹ kann auch betont freundlich und liebevoll gemeint sein, obgleich es eher kindisch wirkt: »Was haben wir denn auf dem Herzen?« Das ist schon grenzüberschreitend, denn nur der Gesprächspartner hat ja etwas auf dem Herzen und der Fragende tut so, als ob er das gleiche Herz hätte.

Ebenso grenzüberschreitend ist ›wir‹, wenn Eltern sich und ihr Kind als ›wir‹ bezeichnen, wenn sie genau genommen nur das Kind meinen. Nehmen wir als Beispiel, dass ein Kind in die Schule geht und die Mutter oder der Vater sagt: »Wir kommen jetzt in die zweite Klasse« oder: »Wir haben eine neue Lehrerin bekommen.« Damit gehen die Eltern mit in die Schule und lassen ihr Kind nicht los. Der neue Satz, der das Kind frei gibt für seinen eigenen Weg, heißt: »Florian kommt jetzt in die zweite Klasse« oder »Florian hat eine neue Lehrerin bekommen.«

Dieses grenzüberschreitende ›wir‹ ist ziemlich verbreitet und macht auch vor Jugendlichen nicht Halt. Ich erinnere mich an den Vater eines 18-Jährigen, der gerade seinen Führerschein bestanden hatte. Der Vater sagte stolz: »Mein Sohn hat die Prüfung gleich beim ersten Mal bestanden. Nun, wir haben ja auch tüchtig gepaukt!« Es tut den Eltern und dem Kind außerordentlich gut, wenn diese Grenzüberschreitungen aufhören.

Eine weitere Form der Grenzüberschreitung erlebe ich bei Paaren, wenn der eine grundsätzlich für beide spricht und selbst dann ›wir‹ sagt, wenn der Partner nichts von dem weiß, was er angeblich sagt und denkt. Damit vereinnahmt und entmündigt der eine den anderen. Dies geschieht anfangs unbewusst und wird oft mit der Zeit eine Gewohnheit. Es sind alltägliche Bemerkungen, die dennoch ihre Wirkung tun: »Wir besuchen euch im Sommer wieder … Wir machen das doch immer so … Wir organisieren das Straßenfest natürlich wieder mit … Wir halten nichts von …«

Ebenso grenzüberschreitend ist die Redewendung ›die bessere Hälfte‹. Sie greift in den Bereich des Partners hinein. Nun ist sie zwar spaßig gemeint, doch lässt sie ihm nicht seine Ganzheit.

Ich fragte Andrea: »Wissen Sie, ob Sie solche Redewendungen in Ihrer Sprache haben? Wenn dem so ist, dann werden damit Denkmuster sichtbar, die Grenzüberschreitungen einladen. Die können Sie leicht wandeln!«

»Darauf habe ich bis jetzt noch nie geachtet. Also, von der besseren Hälfte spreche ich bestimmt nicht. Bei dem ›wir‹ weiß ich es nicht genau, möglich ist es schon!«

Es gibt noch eine weitere Form der Grenzüberschreitung. Auch sie ist weit verbreitet. Sie findet sich nicht in einzelnen Redewendungen, sondern im Verhalten. Wenn der eine Partner immer wieder und wieder meint, für seinen Partner mitdenken zu müssen und ungefragt in seinen Handlungsbereich eingreift, dann sieht das auf den ersten Blick aus wie eine große Hilfsbereitschaft. In Wirklichkeit stellt dies jedoch eine permanente Grenzüberschreitung dar und ist in Wahrheit Bevormundung oder sogar Manipulation. Damit hält oder macht er unbewusst seinen Partner klein und abhängig. So macht er sich selbst auf Kosten seines Partners groß, selbst wenn er dies nicht so meint.

Niemand darf sich bei seinem Partner einmischen, der nicht als Erstes bei sich selber aufräumt und seinen eigenen Anteil in Ordnung bringt. Sonst lenkt er allzu leicht nur von sich selbst ab. Wie viel angenehmer ist es doch, wenn der eine den anderen fragt, ob er ihm etwas abnehmen und ihn entlasten oder verwöhnen darf! So können die Partner bewusste oder versehentliche Grenzüberschreitung wandeln hin zu einer liebevollen Achtsamkeit und Hilfsbereitschaft. Das tut jeder Partnerschaft gut.

Unterstellungen sind eine weitere Form der Grenzüberschreitung. Sie entbehren bei genauem Betrachten der Sachlage oft jeglicher Wahrheit. Hier unter-stellt der eine Partner dem anderen etwas und stellt ihn gleichsam auf diese Unter-Lage. Das können Sätze sein wie diese: »Ich verstehe, dass du nicht bei der Firma XY bestellst« oder »Du wolltest doch schon immer … Das habe ich jetzt für dich gemacht.« Wenn diese Sätze echt und wahrhaftig wären und eben keine Unterstellungen, dann könnten sie freundlich und wohlwollend sein. So wie sie sind, sind sie grenzüberschreitend und anmaßend und damit Anlass zu Streit.

Ich gab Andrea folgende Anregung: »Ich bin sicher, dass Sie mit Ihrem Denken und Sprechen in einer der genannten Formen die Grenzen überschreiten, sonst hätten Sie das Thema nicht in Ihrem Leben. Das Beste ist, Sie achten gezielt auf die genannten Handlungen und die entsprechenden Redewendungen in Ihrer Sprache. Fühlen Sie bewusst ihre grenzüberschreitende Wirkung. Wählen Sie dann eine neue Formulierung. Mit dieser gezielten Korrektur in Ihrem Denken wird sich Ihre Wirklichkeit wandeln!«

Vom Versagen hin zum Erlauben

Andrea erkannte bereits im Lauf der nächsten Tage, dass sie oft für ihren Mann mitdachte, was ihn immer aufregte. Jetzt verstand sie ihn besser. Auch fand sie einige Wir-Formulierungen im Zusammenhang mit ihrem Sohn. Das hat sie fast etwas erschreckt, denn das hatte sie von sich nicht gedacht. Gerade sie hatte die Grenzen überschritten, wo ihr das Einhalten der Grenzen so außerordentlich wichtig war! Auch bei Andrea bewahrheitete es sich, dass das im Leben bestimmende Thema sich in der Sprache wiederfindet. Es kommt selbst dann im wahrsten Sinn des Wortes zur Sprache, wenn davon gar nicht die Rede ist!

Andrea beendete bewusst die Dauersymbiose mit dem Kind, indem sie sich von dem häufigen ›wir‹ löste. Es war für sie wie eine zweite Entbindung. Zwei einzelne Persönlichkeiten konnten sich von nun an frei nebeneinander entwickeln.

Damit wurde sie wieder frei für ihren Mann, und der Sohn wurde frei für seinen eigenen Weg. Er wurde wesentlich selbständiger.

Es war die Kombination von dem neuen Zimmer, der Freiraum-Übung und der gezielten Beachtung entsprechender Redewendungen, die Andrea wieder einen großen Entwicklungsschritt ermöglichte. Sie blühte sichtlich auf. Freilich gab es immer wieder Schwierigkeiten. Doch konnte sie viel besser mit ihnen umgehen als wenige Monate vorher.

Sie sagte mir: »Ich traue mir jetzt viel mehr zu und ich bin ganz glücklich, wenn ich mir anschaue, was ich in den letzten Monaten alles erreicht habe. Da hat sich vieles gewandelt. Bis zu meinem ersten Seminar bei Ihnen habe ich mich oft als Versagerin auf der ganzen Linie gefühlt, auch in der Partnerschaft. Das habe ich ganz hinter mir gelassen! Wir haben eine ganz neue Ebene in unserer Partnerschaft gefunden.«

»Das ist Ihr Erfolg! Ihr Einsatz hat sich wirklich gelohnt!

Sie sagten gerade ›Versagerin‹. Ich finde das Wort vielsagend. Haben Sie es einmal näher betrachtet?«

»Nein, und was gibt es da?« Andrea schaute mich neugierig an.

»Versagerin ist ein interessantes Wort«, sagte ich. »Wortwörtlich heißt es, dass Sie sich etwas versagt haben. Nach allem, was ich von Ihnen weiß, haben Sie sich früher tatsächlich vieles versagt, bis hin zum eigenen Zimmer. Jetzt erlauben Sie sich mehr.«

»Das ist eine neue Interpretation von ›Versagerin‹. Das ganze Wort erscheint in einem neuen Licht. So kann ich es für mich leicht annehmen. Es macht mich nicht mehr so klein. Es macht gar nicht klein!«

»Sie strahlen jetzt deutlich aus, dass Sie sich wertvoll fühlen und dass Sie sich trauen im doppelten Sinn: Du traust dich und du traust dir. Mit der Ausstrahlung, die Sie jetzt haben, laden Sie das Glück so richtig ein!«

Schönheit sichtbar machen

Bei unserem nächsten Wiedersehen fragte ich sie: »Andrea, Sie sind eine schöne Frau. Meinen Sie, Sie halten es aus, wenn andere Ihre Schönheit sehen und Sie schon deswegen anschauen?«

Sie antwortete mir mit einer vorsichtigen Frage: »Auf was wollen Sie hinaus?«

»Ich wünsche Ihnen, dass Sie mehr Chic und mehr Farbe in Ihre Kleidung bringen. Bis jetzt verstecken Sie sich in Ihren Kleidern. Das passt jetzt gar nicht mehr für Sie. Zeigen Sie die strahlende Frau, die Sie jetzt geworden sind! Das erleichtert es Ihnen, Ihre Schönheit selber anzuschauen und sie anzunehmen. Ich habe eine Farb-Stil-Beratung im Sinn.«

»Oh, meinen Sie wirklich?« Etwas peinlich war es ihr schon, dass ich sie so auf ihre Schönheit ansprach.

»Ja, ich meine das schon so!« Ich lächelte sie an. »Ich gehe davon aus, dass Ihnen das gut tun wird. Auch das wird Ihr Selbstwertgefühl weiter heben. Und Ihr lieber Mann kann noch deutlicher sehen, was für eine wertvolle, strahlende Frau er an seiner Seite hat.«

»Na gut! Dann erzählen Sie mir davon!«

»Sie sind ihren Kleidungsstil gewöhnt. Es ist hilfreich, wenn eine geschulte Person ihren Farbtyp bestimmt, Sie bei der Auswahl einiger neuer Kleidungsstücke berät und mit

Ihnen einen passenden Lippenstift und eventuell etwas weiteres Make-up auswählt. Am besten ist es, wenn diese Person gemeinsam mit Ihnen vorher Ihren Kleiderschrank durchsieht, damit Sie möglichst vieles integrieren können. Oftmals genügen schon einige Accessoires, um mehr Pfiff in die Kleidung zu bringen. Mode braucht nicht teuer zu sein. Setzen Sie einige gut gewählte Akzente. Sie unterstreichen Ihren Typ. Und lassen Sie sich auch hinsichtlich einer neuen Frisur beraten. Zeigen Sie Stirn, auch im Leben! Und kaufen Sie auch ein paar hübsche Dessous!«

Andrea freundete sich in der nächsten Zeit mit dieser Idee an und realisierte sie. Als ich sie wieder sah, kam eine neue Andrea herein. Ein kräftiger Lippenstift und die lässige Eleganz ihrer Kleidung unterstrichen ihr wahres Wesen. Strahlend betrat sie den Raum. Ihre kraftvolle Tiefe und ihre strahlende Schönheit waren jetzt für jeden sichtbar. Sie war auf eine wohltuende Art unübersehbar. Alles war an ihr stimmig und in Einklang. Es war für mich eine große Freude, sie so zu sehen! Und ihr Mann, der inzwischen auch an dem einen und anderen Seminar teilnahm, war sichtlich stolz auf seine Frau. Liebevoll schaute er sie oft an. Ich hatte das Empfinden, dass er sie mehr denn je zu schätzen wusste und dass er ihr das auch besser mitteilen konnte. Und Andrea konnte seine Liebe nun annehmen, da sie sich selbst annehmen konnte.

Talente zum Blühen bringen

Andrea hatte schon viel erreicht. Vieles war schon deutlich leichter und schöner geworden. Dieses Mal hatte ich die Idee, ihr für die Entwicklung ihrer Talente einen kräftigen Impuls anzubieten.

Für ihren weiteren Weg wünschte ich ihr, dass sie ebenso wie ihr Mann eine Tätigkeit findet, die ihr liegt und die sie mit Glück erfüllt. Mir lag es am Herzen, dass sie ihre Gaben leben und so einbringen kann, dass sie Früchte tragen, auch finanzielle. Das tat aus meiner Sicht Andrea selbst und den beiden als Paar gut.

So fragte ich Andrea, was sie alles kann und welche Talente ihrer Meinung nach bei ihr angelegt sind. Sie sollte zwanzig Tätigkeiten oder Bereiche nennen, für die sie begabt ist. Jetzt hatte ich sie das letzte Mal schon auf ihre Schönheit angesprochen! Und jetzt fragte ich sie noch nach ihren Talenten. Das war ihr fast zu viel.

Sie atmete tief durch und schaute mich fast fassungslos an: »Jetzt geht's wohl los!«, rief sie aus.

Ich erklärte ihr: »Ihre Talente sind Ihr Kapital, Ihr Vermögen. Sie sind für Sie das Tauschmittel auf dieser Erde. Sie geben ihren Mitmenschen etwas von dem, was Sie können, und Sie dürfen ihrerseits etwas annehmen, was andere können. So werden Sie auf Dauer von den Früchten Ihrer Talente leben können. Sie sollen sogar mit Ihren Talenten wuchern. Das steht schon so in der Bibel. Am Anfang sind die Talente noch klein. Es ist Ihre Aufgabe, sie zum Blühen zu bringen. Sie werden erkennen, dass Sie genau die Talente mitbekommen haben, die Sie zur Erfüllung Ihrer Aufgaben brauchen. Darum ist es schön, seine Berufung zu finden, denn genau dafür haben Sie Ihre Begabungen mitbekommen.«

Sobald wir damit beginnen, uns mit unseren Talenten zu beschäftigen, schenken wir ihnen Aufmerksamkeit und geben ihnen so Energie. Damit fangen sie an zu sprießen. Dabei sind Talente nicht nur die ausgereiften Fertigkeiten, sondern auch die noch wenig entwickelten Anlagen, die uns als Gabe in die Wiege gelegt wurden. Sie gilt es heranwachsen zu lassen.

Wir können sie daran erkennen, dass sie uns Freude machen und leicht von der Hand gehen. Gerade deswegen werden sie oft nicht als Talent angesehen. »Das kann doch jeder«, heißt es dann. Die Talente weisen uns den Weg. Sie geben uns Hinweise auf unsere Bestimmung und unsere Berufung. Es ist interessant, dass ›Bestimmung‹ und ›Berufung‹ etwas mit der Stimme und dem Rufen zu tun haben.

Darum ist es weise und ganz handfest auch lohnend, sich mit seinen Talenten näher zu befassen. Der Lohn kommt von selbst, wenn die Talente wachsen. Wir sollen mit ihnen wuchern und sie nicht im Acker vergraben. Genau das ist jedoch das Übliche. Die meisten Erwachsenen, die ich befrage, haben sich schon lange nicht mehr mit ihren Talenten beschäftigt. Am ausführlichsten haben sie dies bei der Berufswahl mit dem Abgang von der Schule getan und danach kaum noch! Sie stellen ihr Licht unter den Scheffel, unter den Eimer, wo kein Licht hinkommt. So verkümmern die Talente aus Unkenntnis der tiefen Zusammenhänge und aus falscher Bescheidenheit.

Es ist typisch für unsere Gesellschaft, dass es den meisten Menschen spontan gelingt, eine große Anzahl von Talenten zu benennen, die sie nicht haben. Damit definieren sie sich durch das, was sie nicht sind und nicht können. Das schwächt das Selbstbewusstsein und lässt viel wertvolles Potential ungenutzt.

Darum bat ich Andrea, sich in der nächsten Zeit bewusst mit Ihren Talenten zu befassen: »Widmen Sie jeden Tag ein paar Minuten Ihren Talenten. Schreiben Sie eine Liste mit zwanzig Talenten, die Sie bei sich entdecken! Fragen Sie auch Ihre Freunde und Ihre Familie, welche Talente sie bei Ihnen erkennen. Sie werden sich mit neuen Augen sehen!

Schreiben Sie danach die Liste mit ihrem schönsten Stift auf das schönste Papier. So bringen Sie ihre Wertschätzung für ihre Talente zum Ausdruck. Schauen Sie einfach, was ihnen

Freude macht oder was Sie schon immer gerne einmal gemacht hätten! Sie dürfen jede Tätigkeit, die ihnen Freude macht, als eines ihrer Talente erkennen. Damit kommen Sie jeden Tag Ihrer Bestimmung etwas näher. Sie haben für Ihre Lebensaufgabe genau die richtigen Talente mitbekommen, keines zu viel und keines zu wenig. Stellen Sie sich vor, ihre alltägliche Arbeit besteht im Wesentlichen aus Tätigkeiten, die ihnen Spaß machen!«

Die schriftliche Gestaltung der Liste ist enorm hilfreich. Das geschriebene Wort hat eine große Kraft. Je mehr Gefühl wir hinein geben, desto mehr. Bereits mit dem gefühlvollen, engagierten Gestalten dieser Liste setzt die Wirkung ein. Es bewährt sich, diese Liste am Anfang jeden Tag und danach alle paar Tage laut zu lesen, bis sie zu einer inneren Wahrheit und Selbstverständlichkeit geworden ist, die keiner weiteren Bekräftigung bedarf.

Ich empfahl Andrea, die Wirkung der Liste mit einer bildlichen Darstellung der vier größten Talente zu steigern: »Finden Sie für die vier Talente, die Ihnen die kostbarsten sind, jeweils ein möglichst einfaches Symbol. Zeichen Sie diese großräumig und mit Hingabe auf ein Blatt. Wesentlich ist Ihre innere Beteiligung beim Erstellen dieses Bildes. Das Gefühl und der Gedanke zusammen erzeugen erst die schöpferische Energie. Fühlen Sie die Freude an der damit dargestellten Tätigkeit und fühlen Sie auch die Dankbarkeit, diese Gabe zu haben. Die Dankbarkeit ist der größte Glücksmagnet, den Sie sich vorstellen können. Setzen Sie ihn ehrlich und bewusst ein! Betrachten Sie dieses Bild täglich, bringen Sie es sichtbar an. Sie werden erleben, welche Zugkraft dieses Bild hat!«

Wir sprachen auch in den kommenden Wochen noch des Öfteren von diesem Bild mit den Talenten. Mit ihm ging die bereits begonnene wundervolle Entwicklung kraftvoll weiter. Andrea hat dieses Bild gerahmt und in ihrem Zimmer aufgehängt. Später besuchte sie das Seminar Mission – Vision und hängte ihren dort gefundenen Leitsatz daneben. Diese beiden Bilder brachten ihr Innerstes zum Ausdruck, und so konnte es hervortreten und sich entfalten. Die Kraft, die das Betrachten und wiederholte Anschauen dieser Liste mit den Talenten und dieser beiden Bildern freisetzt, ist großartig. Sie steht für jeden bereit. Sie will entdeckt und eingesetzt werden.

Drei Jahre später waren die vier Symbole, die Andrea gezeichnet hatte, bildgetreu in Erfüllung gegangen. Es ist wirklich darauf zu achten, dass diese Bilder auch tatsächlich wünschenswerte Situationen einladen. Die Wahrscheinlichkeit, dass sie kommen, ist wirklich groß. Andrea hat das dankbar erlebt.

Andrea hat ihren Weg und ihre Berufung gefunden und kann nun mit ihren Talenten ihre Mission nach ihren Vorstellungen leben. Als Folge davon ist sie innerlich und äußerlich im Lot. Sie bleibt jetzt auf ihrem Weg. Grenzüberschreitungen sind schon lange kein zentrales Thema mehr in ihrem Leben. Es gibt sie manchmal. Sie kann mit ihnen umgehen.

Wie kommt es, dass sich bei Ihnen immer alles fügt?

Andrea und ihr Mann leben bewusst, sie leben und gehen mit den Bewegungen des Lebens mit. Sie probieren, auf den Wellen des Lebens zu reiten und erleben manchmal ihre blauen Wunder. Sie finden es herrlich, dies gemeinsam zu tun, auch wenn das Leben manche Herausforderung für sie bereithält. Sie haben die wundervolle Erfahrung gemacht, dass sich im rechten Augenblick vieles fügt, wenn sie gut bei sich bleiben und dem Leben trauen. Sie wünschen sich vieles gemeinsam und sagen sich dazu: »So oder besser! Zum Wohl und Segen aller Beteiligten.«

Neulich fragte sie jemand: »Was sind Sie für eine Familie, dass sich bei ihnen immer alles fügt?« Andrea hat darauf mit einem fröhlichen Lachen geantwortet: »Seit vier Jahren gelingt uns das immer besser!« Und ihr Mann bestätigte das.

Erfrischende Tipps

- Mit jedem ›aber‹ laden Sie ein Hindernis ins Leben ein. Lassen Sie es einfach weg.
- Sehen Sie das Schöne, Lichte an! Dabei lassen Sie den Schatten hinter sich.
- Würdigen Sie bei der Begrüßung bewusst ihren Partner: Seien Sie liebevoll respektvoll.
- Erlauben Sie sich Freiraum: Das eigene Zimmer bringt Erleichterung.
- Die Freiraum-Übung schafft innere und damit letztlich auch äußere Freiräume.
- Erkennen Sie die Wirkung von grenzüberschreitenden Redewendungen: ›wir‹ und ›die bessere Hälfte‹.
- Die Farb-Stil-Beratung macht die Schönheit sichtbar.
- Bringen Sie ihre Talente zum Blühen: Schreiben Sie eine Liste mit zwanzig Talenten, die Sie an sich erkennen.

Wilfried will wieder lachen können

Wilfried hatte eine angesehene Stellung und war beruflich erfolgreich. Er war verheiratet und Vater von drei Kindern. Nur konnte er sein Leben nicht mehr genießen. Er wollte wieder lachen können, so wie früher. Der berufliche Erfolg war ihm selbstverständlich. Jetzt konnte er nur noch mehr und noch mehr leisten und dann kurzfristig ein Erfolgserlebnis haben. Er kam aus diesem Teufelskreis nicht heraus. Auch die Partnerschaft litt darunter. Er war bedrückt, wusste aber nicht warum und wurde davon noch trauriger. Mit trauriger Miene und einer erschöpft wirkenden Körperhaltung saß er da, den Kopf meist leicht gesenkt und den Blick etwas von unten nach oben oder in die Ferne. Wo war die Lebensfreude geblieben?

Ich durfte ihn etwa ein Jahr lang in meinen Seminaren begleiten. Das erste halbe Jahr nahm er regelmäßig teil, danach in größeren Abständen.

Leben? Schön wär's!

Es war beim ersten oder zweiten Training, an dem Wilfried teilnahm. Ich fragte alle Kursteilnehmer, was ihnen zu ihrem Namen in den Sinn kommt und mit dem gleichen Buchstaben beginnt. Als Beispiel sagte ich: »Petra kann dann beispielsweise sagen: Ich bin Petra wie Palmenstrand oder wie prachtvoll oder was immer ihr sonst mit P in den Sinn kommt.«

Wilfried sagte: »Gut, ich bin Wilfried wie: schön wär's.« Er seufzte.

Das war wirklich treffend. Wilfrieds Leben schien sich im Irrealis, in der Unwirklichkeit abzuspielen. Er hätte gerne gelacht und wäre fröhlich gewesen, wenn er nur gewusst hätte wie. Auch seine Sprache spiegelte dies wider. Ich hörte bei ihm viele Sätze mit »könnte«, »hätte« und »würde«. Dazu kamen die weit verbreiteten Füllwörter wie ›eigentlich‹, ›irgendwann‹, ›irgendwie‹, ›amol‹ und ›vielleicht‹. Auch sagte er fast immer ›man‹, wenn er sich selber meinte. Seine Sprache war ebenso geprägt von floskelhaften Wendungen, die er als Füllsel einschob. Da gab es die Wendungen ›das muss ich schon sagen‹ und ›wie soll ich das jetzt sagen‹. Er bemerkte sie nicht, wenn er sprach.

Mit all diesen Füllwörtern und mit dem gewohnheitsmäßigen Gebrauch von den ›würde‹-, ›sollte‹-, ›könnte‹- und ›hätte‹-Sätzen stellte er sich in einem fort ein Bein. So konnte er nicht blühen. Er selbst warf sich lauter Steine in den Weg.

Richtig fragen

Ich sagte zu Wilfried: »Sie sagen: Wilfried wie: schön wär's. Das finde ich stark. Ihre Formulierung passt gut zu ihrem Anliegen. Sie wollen wieder wirklich leben. Nun habe ich die Anregung, dass Sie genau an dieser Stelle ansetzen und bewusst in ihrer Sprache und damit in ihrem Denken mit dem Irrealis, dem Unwirklichen, aufräumen.

Lassen Sie uns gemeinsam ausprobieren, welche ›könnte‹, ›hätte‹ und ›würde‹ Sie in Ihren Sätzen nicht wirklich brauchen. Vielfach ist dies nur Gewohnheit oder gedachte Höflichkeit. Damit kommen Sie Ihrem Ziel schon etwas näher. Sind Sie einverstanden?«

»Was wäre das dann zum Beispiel? Wie würde so ein Satz aussehen, den ich dann anders sagen könnte oder sollte?«, fragte Wilfried.

»Sie haben mir gerade einen solchen Satz angeboten. Ich wiederhole ihn für Sie: ›Was wäre das dann zum Beispiel? Wie würde so ein Satz aussehen, den ich dann anders sagen könnte oder sollte?‹ Haben Sie das ›wäre‹, das ›würde‹ und das ›könnte‹ wahrgenommen?«

»Was war jetzt an dem Satz falsch?«

»Es geht nicht um falsch oder richtig. Es geht nur darum, dass Sie sich mit der Denk- und Sprechweise bis jetzt vom Leben, von der Wirklichkeit trennen. Mit einem neuen Denken wird sich Ihre Wirklichkeit wandeln.«

Wilfried nickte, dann bat er mich: »Sagen Sie den Satz bitte noch einmal. Ich habe diese Wörter noch immer nicht bemerkt.«

Ich sagte den ersten Satz langsam und wiederholte ihn dann noch einmal. Danach machten wir das miteinander: »Was wäre das zum Beispiel? Was wäre das zum Beispiel?« Wir machten uns die konkrete Bedeutung dieses Satzes bewusst und fühlten gleichzeitig seine Wirkung. Danach sagten wir den gleichen Satz ganz einfach in seiner Grundform und wiederholten auch diesen: »Was ist das dann zum Beispiel? Was ist das dann zum Beispiel?«

Erst war der neue Satz für Wilfried recht neu und fremd. Er fand ihn etwas zu direkt, fast etwas unhöflich direkt. Er wollte nicht fordernd wirken.

»würde« mit einem großen W schreiben

Bevor ich Wilfrieds zweiten Satz aufgriff, stellte ich ihm eine Aufgabe: »Sagen Sie bitte langsam und bewusst ›W-Ü-R-D-E‹ und wiederholen es dann einmal!«

Er begann: »würde, würde.« Hinter seinem ›würde‹ klang förmlich ein Fragezeichen mit. So kenne ich es von vielen

Kursteilnehmern. Bei den meisten klingt ›würde‹ wie der Beginn einer Frage. Bei den wenigsten klingt es nach Würde. Dabei gebe ich ganz bewusst völlig neutral »W-Ü-R-D-E« vor. Wenn jemand bei dieser Übung spontan ›Würde‹ sagt statt ›würde‹, dann hat dieser Mensch auch eine entsprechende Ausstrahlung. Bei ihm klingt dann selbst das kleingeschriebene ›würde‹ würdig.

Dieses kleine Wörtchen ist vielsagend und offenbart etwas von einem Menschen. Es kommt darauf an, welches innere Bild ein Mensch mit einer Lautfolge in sich trägt. Ich sprach mit Wilfried dann von der Würde und von Würdenträgern und von einzelnen Menschen, die Würde ausstrahlen. Wilfried empfand, dass manche alte Menschen viel Würde ausstrahlen. So gelang es ihm, in seinem Inneren sein Bild von Würde zu aktivieren.

Anschließend bat ich ihn nochmals, ›W-Ü-R-D-E‹ zu sagen und zu fühlen.

»Mit großem W oder mit kleinem W?«, fragte er mich.

»Wie Sie mögen! Sagen Sie das, was Sie lieber erleben wollen! Wörter sind Bestellkarten!« »Dann sage ich es mit einem großen W!«, sagte Wilfried. Er wiederholte dieses Wort einige Male. Es klang jetzt ganz anders. Er setzte sich dabei, ohne sich dessen bewusst zu sein, aufrechter hin und hob etwas den Kopf. Die Stimme wurde kräftiger.

Ihm war ein Licht aufgegangen: »Ich habe jetzt etwas begriffen. Die Würde! Auf die kommt es an. Und das hat etwas mit meinem Selbstwertgefühl zu tun. Mit diesem neuen Blick für die Würde kann ich wieder mein Selbstwertgefühl anheben. Dann muss ich nicht immerfort leisten, leisten und noch mal leisten, um wer zu sein! Jetzt kann ich mir vorstellen, was es auch mit den anderen Wörtern, dem ›könnte‹ und ›hätte‹ auf sich hat«.

Wilfried nahm sich vor, in der nächsten Zeit auf seine ›könnte‹, ›hätte‹ und ›würde‹ zu achten. Ich bat ihn ausdrücklich, sie nicht wegzulassen und zu unterdrücken. Er sollte sie anfangs nur wahrnehmen und sich ihre nachteilige Wirkung bewusst machen.

Mit der Einsicht wächst der innere Drang, das Denkmuster zu wandeln und eine neue Formulierung zu wählen. Dann geht dieser Schritt von selbst. Disziplin ist für den ersten Schritt erforderlich: für das bewusste Wahrnehmen und Beobachten der eigenen Sprache. Ein bewusstes Unterdrücken und bloßes Ersetzen durch eine andere Formulierung ist nicht die Lösung. Jegliches Unterdrücken von Wörtern ist auch das Unterdrücken einer Energie, die sich daraufhin auf einem anderen Weg die Bahn nach außen sucht, beispielsweise auf der körperlichen Ebene; denn Energie geht bekanntlich nicht verloren.

Damit begann für Wilfried etwas Neues. Er war entschlossen, seinem Leben eine Wende zu geben und war bereit, dafür etwas zu tun. Nun hatte er mit LINGVA ETERNA® ein praktikables Handwerkszeug gefunden. Er sah jetzt einen gangbaren Weg, auf dem er mit gezielten Schritten seinem Leben die gewünschte Richtung geben konnte.

Seine Muttersprache neu lernen

Wilfried lenkte seine Aufmerksamkeit auf seine Sprache. Wann immer die Gelegenheit es erlaubte, sprach er langsam und wiederholte seine eigenen Sätze zwei Mal oder sogar häufiger, bis er sicher wusste, was er sagte. So bekam er es immer häufiger mit, wenn er ›würde‹, ›könnte‹ oder ›hätte‹ sagte. ›Schön langsam!‹, sagte er dann zu sich selber. Oftmals wunderte er sich, was er alles sagte. Er hatte vorher nie in dieser Weise auf seine Sprache geachtet. Auch bei seiner Frau, den Kindern und im Berufsleben hörte er jetzt ganz anders hin. Ihm wurde bewusst, wie oft auch sie diese Wörter und Sätze sagten. Er war fast entsetzt, wie viele ›würde‹, ›könnte‹ und ›hätte‹ er und auch sie in der Sprache hatten. Wenn jedes dieser Wörter ihm seine Lebendigkeit einschränkte, dann wunderte ihn jetzt nichts mehr. Er lernte seine Muttersprache und sich selbst neu kennen.

Seine Bereitschaft und sein Engagement trugen schon bald Früchte.

Vier Wochen später kam ein neuer Wilfried zur Tür herein. Er war merklich klarer und wacher als beim ersten Mal. Er wirkte fit und trug den Kopf deutlich höher. Jeder Physiotherapeut hätte seine Freude gehabt an der aufgerichteten Körperhaltung. So hatten sich mit der Sprache die Körperhaltung und der Muskeltonus bereits deutlich geändert. Ich bin in solchen Momenten jedes Mal neu tief berührt, wie wohltuend und heilsam sich die Sprache auf das Gesamtbefinden auswirkt und welch kraftvolles Instrument wir mit ihr in uns tragen. Sie wartet nur darauf, erkannt und zum Leben erweckt zu werden!

Das sagte ich Wilfried auch und freute mich mit ihm, dass er bereits so viel erreicht hatte.

»Ja, ich fühle mich auch besser. Und ich kann Ihnen jetzt in die Augen schauen. Das hätte ich vor vier Wochen noch nicht gekonnt. Da wäre ich ausgewichen. Ja, da hat sich schon viel getan! Es war erst einmal erschreckend zu merken, wie oft ich diese Sätze mit ›hätte‹, ›könnte‹ und ›würde‹ sage. Dann kam von selbst das Bedürfnis, die Sätze anders zu sagen. Das Tolle ist, dass wir in der Familie in der letzten Zeit deutlich weniger Streit und Reibereien hatten. Es gab vor allem weniger Missverständnisse! Das hat ungefähr zwei, drei Wochen gehalten. Dann bin ich allmählich wieder in mein altes Fahrwasser gekommen. Meine Frau hat schon gesagt: ›Jetzt ist es Zeit, dass du wieder zu Roswitha Defersdorf gehst!‹ Das hat sie wirklich gesagt. Das ist ein Zeichen dafür, dass sie merkt, dass es mir und auch uns beiden gut tut. Wir verstehen uns nämlich jetzt besser, weil die Kommunikation klarer wird.«

Dann ergänzte er mit einem vielsagenden Blick: »Letztes Mal habe ich gesagt, dass ich der Wilfried bin wie: schön wär's, jetzt bin ich der Wilfried wie: schön wird's.«

Weniger arbeiten und das Leben mehr genießen

Als Nächstes sprach ich die Notwendigkeit und auch die konkreten Möglichkeiten an, die LINGVA ETERNA® bietet, um Körper, Seele und Geist wieder in Einklang zu bringen. Ich begann mit einer ausführlichen Erklärung des schöpferischen Dreiecks. Seine drei Ecken sind Körper, Seele und Geist. Der Körper entspricht den Handlungen, die Seele dem Fühlen und der Geist dem Denken und Sprechen.

Ich malte ein großes Dreieck an die Tafel. An der oberen Ecke ergänzte ich ein G für Geist, an den beiden unteren jeweils ein K für Körper und ein S für die Seele, für das Fühlen. Der Geist kommt in unserem Denken und Sprechen zum Ausdruck, im gedachten und im gesprochenen Wort. Das Fühlen finden wir im Fühlen der Gefühle und im sinnlichen Wahrnehmen mit unseren Sinnesorganen. Mit Körper meine ich den physischen Körper von Lebewesen sowie auch materielle Dinge.

An Hand dieser Zeichnung erklärte ich, dass wir in uns ruhen und in unserer Mitte sein können, sobald wir diese drei Aspekte unseres Selbst in Einklang gebracht haben. Dann sind wir unserer selbst bewusst und wissen, was wir sagen, fühlen und tun. So ruhen wir in uns und können folglich nicht mehr so schnell aus dem Häuschen sein. Wer in sich ist, der kann nicht gleichzeitig außer sich sein. Das ist das wahre Selbstbewusstsein, das Selbst-Bewusst-Sein. Alle drei Aspekte sind dann in Einklang: Sie erzeugen einen harmonischen Klang.

Das klingt einfach. Doch sind die meisten Menschen unserer Zeit und insbesondere unseres Kulturraums weit davon entfernt, diese drei Aspekte im Einklang zu haben. Sie sind mit ihren Gedanken woanders, in der Vergangenheit oder in der Zukunft oder räumlich an einer anderen Stelle. Oder sie tun zwar rein körperlich etwas und sind auch in Gedanken dabei, aber ihr Gefühl ist ausgeblendet. Manche Menschen sagen etwas anderes, als sie denken. Das ist dann noch verdrehter.

Ich erzählte von einer Bergtour, die ich einmal mit meinem Mann gemacht hatte. Auf dem Gipfel genossen wir die Aussicht und die Brotzeit. Wir spürten den kühlen Wind und die Freude, nun oben angekommen zu sein. In unserer Nähe saß eine kleine Gruppe von Bergsteigern. Sie sprachen angeregt von der letzten China-Reise, wie das Hotel war und der Flug usw. Sie waren mit ihrem Körper auf dem Gipfel, nicht aber mit ihrer Aufmerksamkeit.

Es ist erstrebenswert, diese drei Aspekte unseres Seins wieder in Einklang zu bringen. Je besser ein Mensch seine Aufmerksamkeit auf den Augenblick, auf das, wo sein Auge gerade hinblickt, lenken kann, desto mehr Kraft hat er und desto mehr Wirkung wird er mit seinem Tun haben. Die Lösung heißt also nicht immerfort arbeiten. Vielmehr gilt es zu lernen, seine Kraft klar auf das jeweilige Ziel zu bündeln, weniger und dafür effizienter zu arbeiten und dabei das Leben mehr zu genießen. Dann kommt es zu erstaunlichen Erfahrungen von Zufällen und bemerkenswerten Fügungen.

Konkret bedeutet dies, dass wir das, was wir sagen, auch tun und gleichzeitig fühlen. Und dass wir das, was wir tun, auch sagen und fühlen. Und schließlich, dass wir das, was wir fühlen, auch sagen und tun.

Kleine Kinder leben so. Bei ihnen ist dieses Dreieck intakt. Sie sind ehrlich und aufrichtig. Sie sagen die Wahrheit und sie beschäftigen sich mit einer Sache. Da sind sie mit Leib und Seele dabei. Wir Erwachsenen dürfen das wieder lernen. Dann geht es uns immer besser. Das sagt auch der Satz: »Wenn Ihr nicht werdet wie die Kinder, dann werdet Ihr nicht ins Himmelreich kommen.«

In unserer Gesellschaft gilt es als erstrebenswert, mehrere Dinge gleichzeitig zu tun. Wir dürfen jetzt wieder lernen, ein einziges Ding mit der hundertprozentigen Aufmerksamkeit zu tun!

Wilfried sagte etwas frustriert: »Das klingt einleuchtend, aber bis jetzt hatte ich geglaubt, dass es erstrebenswert ist, viel zu leisten. Ich fühlte mich immer gut, wenn ich so tüchtig war!«

Ich lachte ihn an: »Ja, nur gefühlt haben Sie sich dabei nicht!«

Er stutzte und wusste nicht, was ich meine.

»Sie haben gerade gesagt, dass Sie sich immer gut gefühlt haben, wenn Sie tüchtig waren. Das stimmt aber nicht.«

Ein Lächeln huschte über sein Gesicht. Dann sagte er: »Verrückt! Das ist wieder eine von diesen sinnentleerten Redensarten. Man sagt es so und meint es nicht.«

»Wollen Sie wissen, was dieser Satz aus meiner Sicht bedeutet?«

»Ja!«

»Für mich heißt der Satz: ›Ich fühlte mich immer gut, wenn ich so tüchtig war!‹, dass Sie geglaubt haben, dass Sie dann mehr geliebt werden!«

»Das kann gut sein.«

»Wir machen uns, ohne es zu wollen, mit der gewohnheitsmäßig gebrauchten Sprache oft etwas vor und kommen nicht an den Kern der Wahrheit heran. Das geht allen so. Deswegen sitzen wir ja hier zusammen. Ich werde Sie immer und immer wieder daran erinnern, das, was Sie sagen und was Sie tun, auch zu fühlen. Sie werden erleben, wie gut Ihnen das tut!«

Das LINGVA ETERNA® Sprachtraining bringt Körper, Seele und Geist wieder in Einklang. Wir können mit der Sprache bewusst das schöpferische Dreieck errichten und intakt halten. Sprache berührt sowohl den Geist als auch das Gefühl und auch die dingliche, körperliche Ebene.

Diese Zeichnung von dem schöpferischen Dreieck zeigt das Grundprinzip der Schöpfung: Der Gedanke, das Gefühl und die Handlung gehören zusammen. Wir dürfen nichts davon abspalten. Alle drei sollen gleichzeitig wirken. Das geht nur, wenn wir unsere Aufmerksamkeit im Augenblick haben. Sonst sind wir nur körperlich da, nicht aber mit unseren Gedanken und mit dem Gefühl.

Wir redeten einige Zeit davon, was das in Wilfrieds konkretem Alltag bedeutet. Er bestätigte, dass er oft in Gedanken schon ganz woanders ist, während er noch mit eine Sache beschäftigt ist: »Am Abend, wenn ich mit meiner Frau äußerlich gemütlich auf dem Sofa sitze und den Arm um sie lege, bin ich oftmals mit meinen Gedanken noch im Büro. Meine Frau erzählt mir dann beispielsweise etwas von der Schule des mittleren Sohnes. Dreiviertel davon bekomme ich mit, aber nicht alles. Das ärgert meine Frau, wenn sie es merkt.«

Solche Situationen kannte er gut. Oftmals machte er auch bewusst zwei Dinge auf einmal. Er telefonierte mit einem Kunden und räumte gleichzeitig seinen Schreibtisch auf oder bereitete schon die Unterlagen für das nächste Gespräch vor. Auch beim Spiel mit dem Sohn war er des Öfteren in Gedanken woanders, entweder beim überfälligen Reifenwechsel oder beim bevorstehenden Verwandtenbesuch.

Ich sagte ihm, wie ich mir geholfen habe, als ich anfing auf meine Gedanken zu achten. Ich habe, wenn ich alleine war, laut gesprochen und das formuliert, also mit Worten geformt, was ich gerade gemacht habe. Damit habe ich gelernt, nur mehr eines in einem Augenblick zu tun. Indem ich laut dachte und meine Aufmerksamkeit auf den Augenblick lenkte, holte ich mich innerlich von dem hohen Tempo herunter, mit dem ich damals lebte. Und ich habe meine Gedankenflut gebremst. Jeder Mensch hat minütlich ca. 4000 Gedanken. Die meisten rattern wie alte Schallplatten von selbst ab. Mit Denken hat das nichts zu tun. Meine Gedanken hatten sich damals selbständig gemacht. Ich konnte nicht mehr bestimmen, was ich dachte. Die Gedanken gingen mir durch den Kopf, ob ich es wollte oder nicht. Dennoch wirkt jeder Gedanke! Ich habe damals beschlossen, wieder Frau meines Gehirns zu werden, so wie ich es als Kind gewesen war. Ich nahm meine Gedanken an den Zügel und leitete damit bewusst die heilsame Wende in meinem Leben ein. Ich bündelte und lenkte meine gedanklichen Kräfte und erreiche seitdem viel mehr, meist ohne mich anzustrengen.

Wilfried wurde unruhig. Das war ihm etwas zu viel: »Und das nur, indem Sie alles, was Sie gedacht, gefühlt oder gemacht haben, laut gesagt haben? Soll ich dann beim Tischdecken langsam und bewusst und dann auch noch halblaut sagen: Ich decke den Tisch, ich stelle die Tassen hin …? Da komme ich mir ganz schön blöd vor. Und außerdem dauert das dann viel zu lang! Am Schluss sagt meine Frau, dass ich jetzt spinne. Nein, das geht mir gegen den Strich! Vielleicht lässt sie mich dann nicht mehr zu Ihnen kommen!«

»Das ist natürlich nicht im Sinne des Erfinders! Nehmen wir andere Situationen, in denen Sie immer wieder ganz allein mit dem schöpferischen Dreieck experimentieren können, ohne dass Sie sich fürchten müssen, dass jemand Sie belauscht oder beobachtet. Dann werden Sie die Wirkung erleben. Mit dieser Erfahrung können Sie dann wählen, ob Sie das Experiment weiterführen oder nicht. Sind Sie damit einverstanden?«

»Ja, dann schon!«

Eine solche Situation, wo er sich auf diese neue Erfahrung einlassen konnte, war seine tägliche Fahrt ins Büro und dann wieder nach Hause. Ich gab ihm die Anregung, das, was er jeweils sagte oder sah, halblaut und langsam zu sagen und die Sätze am besten sogar einmal zu wiederholen und sich auf diese Weise selbst sprechen zu hören: »Lenken Sie ihre Aufmerksamkeit ganz und gar auf den Augenblick. Das kann dann beispielsweise so klingen: ›Ich stehe an einer roten Ampel. Ich stehe an einer roten Ampel. Jetzt wird es gelb. Jetzt wird es gelb. Ich fahre. Ich fahre …‹ Diese Übung ist enorm wirksam. Sie ist einfach und ist es auch nicht!«

»Ich glaube, ich werde damit mein blaues Wunder erleben. Wenn da so viel Kraft frei wird, dann werden wir sehen, was geschieht!« Er lachte. Wilfried hat einen erfrischenden Humor. Humor ist etwas Wunderbares.

Sich wertvoll fühlen

Wilfried machte seine Hausaufgaben und wurde reichlich belohnt. Bei dem langsamen Sprechen merkte er auch all die Füllwörter und die Wischiwaschi-Sprache. Sie wurden ihm dabei erst so richtig bewusst. Ihm war mit einem Mal klar geworden, dass die Füllwörter und schwammigen Höflichkeitsformulierungen Erfolgsverhinderer sind und seinen Aussagen die Kraft nehmen. Nun wollte er sie aufspüren. Er beobachtete seine Sprache und sein Denken. Das bereitete ihm ein kindliches Vergnügen. Er war regelrecht auf Entdeckungsreise, auf der Entdeckungsreise nach sich selbst.

Er putzte an seiner Sprache und reinigte sie von Wort-Müll. Stattdessen legte er einen wirklichen Wort-Schatz an. Mit dem aufmerksamen Wahrnehmen der einzelnen Wörter und der gewonnenen Einsicht ging der nächste Schritt dann leicht: Die bewusste Wort-Wahl.

Als ich ihn wieder sah, war er noch weiter aufgeblüht. Er kam mir vor wie eine Edelrose, die ihre Blüte öffnet und damit eine wunderbare Farbe und einen wunderbaren Duft offenbart. Das Beachten des Schöpfungsdreiecks hatte ihn einen wesentlichen Schritt weiter gebracht. Er merkte es selber:

»Ich glaube, dass das der Schlüssel überhaupt ist: Alles, was ich sage und tue, fühlen. Das habe ich als Kind gemacht und dann nur noch manchmal. Man fühlt sich so zentriert wie schon lange nicht mehr.

Halt, ich sage das noch einmal! Ich fühle mich so zentriert wie schon lange nicht mehr. Meine Frau merkt das auch. Sie findet es großartig, dass ich ihr, wenn sie mir etwas erzählt, jetzt meine volle Aufmerksamkeit schenke. Ich kann einfach ganz für sie da sein. Dabei sind wir nicht mehr Zeit als vorher zusammen. Diese Zeit ist aber viel schöner und erfüllter. Ja, und das darf ich vielleicht auch erwähnen, dass die Sexualität damit auch wieder viel lebendiger geworden ist! Es ist, ja es ist einfach kein Vergleich.«

Er strahlte. Seine Körperhaltung war aufrecht, beide Füße standen auf dem Boden. Er war auch etwas schlanker geworden. Das stand ihm gut. In den nächsten Wochen beobachtete ich, dass er noch einige Kilo abnahm. Dann sah er richtig gut aus. Er hat keine Diät gemacht. Er wusste, wer er war und dass er wertvoll war. Er brauchte keine Pfunde mehr, um sich gewichtig zu machen.

Wilfried merkte, wie gut ihm und seiner Frau LINGVA ETERNA® tat. Nun wollte er auch verstehen, warum die Umstellung von einigen Formulierungen eine so starke Wirkung im Leben zeigt und wie es möglich ist, dass das gleiche Wort bei den Einzelnen so unterschiedlich klingt. Er machte sich viele Gedanken. Er fragte und fragte wieder. Manchmal kam er dabei richtig ins Grübeln. Er war es gewohnt, zu hinterfragen und zu analysieren. Auf manche Fragen konnte ich ihm eine ihn befriedigende Antwort geben, auf andere nicht.

Die Botschaft des Wassers

Inzwischen ist die Wissenschaft tiefer in die Geheimnisse des Lebens vorgedrungen und kann manches beweisen, was früher noch nicht zu beweisen war. Der japanische Wissenschaftler Masaru Emoto hat mit Hilfe eines Kernspinanalysators den Einfluss von Musik und von Wörtern auf Wasser untersucht. Er hat destilliertes Wasser in Petrischalen gefüllt. Er hat diesem Wasser Musik vorgespielt und es anschließend eingefroren. Andere Wasserproben hat er mit einem Wort beschriftet. Auf den Proben standen Wörter wie ›Dummkopf‹, ›schön‹, ›schmutzig‹, ›Dankeschön‹, ›Hitler‹, ›Mutter Theresa‹ und viele mehr. Er ließ die Schrift über Nacht einwirken. Dann hat er auch diese Proben eingefroren. Diese so gewonnenen Eiskristalle hat er untersucht und jeweils reproduzierbare Kristalle erkannt und fotografiert. Diese Fotografien hat er in seinem Buch »Die Botschaft des Wassers« herausgebracht.

Ich erzählte Wilfried davon: »Die Bilder von Masaru Emoto gehen unter die Haut. Es sind bewegende Bilder, die einen tiefen Einblick in die Zusammenhänge des Lebens ermöglichen. Er hat nachgewiesen, dass Gedanken einen sofortigen Einfluss auf die Wasserqualität haben. Da der Mensch zu 70–80 Prozent aus Wasser besteht, ist jede Vorgehensweise wirksam, die seinen Wasseranteil wandeln kann. Bei LINGVA ETERNA® sage ich immer wieder beim Aufbauen eines neuen, wohltuenden Wortschatzes: ›Fühlen Sie die Wörter, fühlen Sie die Energie, fühlen Sie sie von Kopf bis Fuß, und füllen Sie sich mit ihr!

Dabei speichern Sie diese wohltuende Energie in das Wasser, das im menschlichen Organismus vorhanden ist.‹

Wenn Wörter die Struktur von Wasser wandeln können, dann können sie auch die innere Struktur von Lebewesen wandeln, die wie der Mensch zu einem so hohen Anteil aus Wasser besteht! Das erklärt die bemerkenswert starke und schnelle Wirkung dieses Konzepts.«

»So hat Masaru Emoto indirekt mit seinen Forschungsergebnissen einen wissenschaftlichen Nachweis für die Wirksamkeit von LINGVA ETERNA® erbracht?!«

»Ja! Genau das ist geschehen!«

Verstehen oder einleuchten?

Wilfried wollte LINGVA ETERNA® verstehen. Was heißt ›verstehen‹?

›Verstehen‹ geschieht in erster Linie im Kopf. Wir können über etwas nachdenken und es dann verstehen. Das bedeutet noch nicht, dass wir ein Thema in seiner Ganzheit erfasst haben. Das Wort ›verstehen‹ benennt das logische, vernünftige Erfassen und Begreifen mit dem Verstand. Der Ver-Stand leitet sich ebenso wie das davon abgeleitete Verb ›ver-stehen‹ von ›stehen‹ ab. Von der Bedeutung her haben heute beide mit dem Stehen nichts zu tun. Das Begreifen und auch das Erfassen lenken den Blick auf die Hände und damit auf das Handeln. Das Verstehen kann beim denkenden Verstehen hängenbleiben.

Wer nur mit dem Kopf denkt und damit seine Welt versteht, der engt aus meiner Sicht sein Potential ein. Manches erschließt sich dem logischen Denken nicht. Hier dürfen wir uns einen weiteren Blickwinkel erlauben. Zuviel Denken und Verstehen ist einseitig und blockiert gute Entwicklungen und Lösungen.

Ich wünsche jedem Menschen, dass Herz und Verstand wieder zusammen kommen und die gleiche Sprache sprechen. Damit eröffnen wir uns ein enormes Potential. Auch hier hilft eine bewusste Wortwahl. So gilt es genau hinzusehen und hinzuhorchen und Alternativen für das so häufig gebrauchte ›verstehen‹ zu finden.

Die Trennung von Kopf und Herz ist die Ursache für vielerlei gesundheitliche und seelische Störungen. Es ist an der Zeit, diese Trennung wieder aufzulösen. Mit LINGVA ETERNA® ist dies möglich.

Am Anfang ist es neu, beim Sprechen und Denken gleichzeitig auf die Wirkung der Sprache zu achten. Darum haben viele Menschen erst einmal das Gefühl, dass sie eine Baustelle im Kopf haben. Da hilft das Gleiche wie bei einer Baustelle auf der Straße: Das Tempo herunterschalten und langsamer denken.

Wilfried hörte aufmerksam hin. Diese Gedanken leuchteten ihm ein. Er nickte und sagte wie gewohnt: »Ich verstehe.« Dann hielt er inne und sagte: »Was kann ich denn sonst sagen?« Er wusste erst einmal nicht, was er stattdessen sagen konnte. Er suchte nach Wörtern und machte seinen Mund auf und dann wieder zu. Ich beobachtete ihn, lächelte und sagte ihm dann: »Da geht es Ihnen wie vielen Seminarteilnehmern. Sie sind an manche Formulierungen so gewöhnt, dass Ihnen erst einmal keine Alternativen in den Sinn kommen! Darf ich Ihnen auf die Sprünge helfen? Unsere deutsche Sprache hat einen großen Wortschatz!«

»Ja, machen Sie das bitte! Was gibt es denn noch für Wörter?« Er schaute mich fast verzweifelt an. Er hat so viel Bildung und dann kommen ihm nicht einmal die einfachsten Wörter in den Sinn!

»Da haben wir beispielsweise die Formulierung: ›Damit kann ich etwas anfangen‹ oder ›das leuchtet mir ein‹ oder

›das ist mir jetzt klar geworden‹. Sie können das ›ich verstehe‹ nicht eins zu eins mit einer bestimmten anderen Formulierungen ersetzen! Dieser kurze Satz kann so viel Unterschiedliches bedeuten. Mir liegt es am Herzen, dass Sie sich jeweils bewusst machen, was Sie mit ihm genau sagen wollen! Und dann wählen Sie eine entsprechende Formulierung. Ich habe ihnen einige Möglichkeiten angeboten. Hat Sie eine davon angesprochen?«

Wilfried griff das ›es leuchtet mir ein‹ heraus. Es gehörte noch nicht in seinen aktiven Wortschatz, doch wollte er es jetzt aufnehmen. »Das klingt gut! Wörter sind Bestellkarten. Damit laden Sie sich gleich ein, dass Ihnen noch mehr Lichter aufgehen!« Ich lachte ihn an. Während wir ernsthaft arbeiteten, hatten wir auch unsere Freude.

Wilfried lachte auch und meinte: »Sie machen manchmal wirklich lustige Wortspiele. Ich merke richtig, wie viel Spaß Sie mit der Sprache haben!«

Der tiefere Sinn einzelner Wörter und Redewendungen offenbart sich auch mit der Gestik. Darum bat ich Wilfried, eine für ihn passende Gestik zu ›verstehen‹ zu machen. Er tippte sich mit einem Finger an seine linke Stirnseite. Dann zeigte ich ihm meine Variante: Ich stand auf, hob einen Fuß hoch und wackelte auf dem zweiten Bein etwas herum.

Er schaute mich verwundert an. »Ich gewinne immer wieder interessante Einsichten, wenn ich ein Wort so wörtlich wie möglich nehme. Ich stehe hier nicht, sondern ich ver-stehe. Analog kann ich einen Stift auf den Tisch legen oder ihn verlegen. Dann habe ich ihn nicht bewusst an eine bestimmte Stelle gelegt. Oder ich gieße Tee ein und ver-gieße den Tee. Dann ist er nicht da, wo er hin sollte. Ver-stehen hat etwas mit stehen zu tun. ›Verstehen‹ leitet sich von ›stehen‹ ab. Doch ist mit der Vorsilbe ›ver-‹ beim ›ver-stehen‹ das Stehen nicht mehr klar. Das habe ich Ihnen gerade mit meinem wackeligen

Stand gezeigt. Die Vorsilbe ›ver‹ ändert die Bedeutung des nachfolgenden Grundwortes.

Das Wort ›einleuchten‹ ist klar und eindeutig. Ähnliches gilt für die weiteren Formulierungen, die ich Ihnen als Alternativen genannt habe.«

Nun bat ich Wilfried, zweimal ›ich verstehe‹ zu sagen und danach ›das leuchtet mir ein‹. Er wiederholte: »Ich verstehe, ich verstehe, – das leuchtet mir ein, das leuchtet mir ein.« Er konnte klar erkennen, dass er sich mit dem ›ich verstehe‹ blockierte. Er fühlte die Wirkung dieses Wortes nur im Kopf. Seine Stimme klang auch für ihn eher leblos. Die neue Formulierung ging im durch und durch. Er spürte sie im Herzen und im Kopf. Er hatte nun einen ganz anderen, angenehm weichen Gesichtsausdruck. Er merkte selbst, dass sich auch an seiner Stimme etwas getan hatte. Sie hatte jetzt einen vollen, sonoren Klang.

Dann sagte er: »Faszinierend. Das beeindruckt mich jetzt mal wieder!« Nach einer Pause fügte er schmunzelnd an: »Jetzt verstehe ich, dass ich manchmal nichts verstehe!«

Lieber ›meinen‹ als ›denken‹

Wilfried hatte mir gesagt, dass er oft grübelt und vielerlei überlegt, vor allem, wenn er zur Ruhe kommt und still da sitzt. Das Grübeln zieht den Grübler herunter und schaufelt der Lebensfreude ein Grab. Grübeln heißt wörtlich ›eine Grube graben‹. Nicht nur das Grübeln zieht herunter, auch das Überlegen ist nicht gerade aufbauend. Er sollte schon bald erkennen, warum das so ist.

Das Überlegen mag vernünftig erscheinen, doch bringt es selten die ganz guten Ideen. Diese kommen als geniale Eingebungen oder werden mit der rechten Gehirnhälfte mit den Sinnen ersonnen.

Die Wörter ›überlegen‹ und ›denken‹ sprechen die linke Gehirnhälfte an und geben auf einer unbewussten Ebene das Signal, dass das Wissen der rechten Gehirnhälfte und die Intuition nicht gefragt sind. Damit blockierte sich Wilfried, ohne es zu merken.

Darum bat ich ihn, das Wort ›denken‹ zweimal langsam und bewusst zu sagen und es gleichzeitig zu fühlen. Er schloss die Augen, legte eine Hand auf den Bauch und wiederholte es: »Ich denke – ich denke.«

Dann sagte er: »Das fühlt sich richtig kopflastig an. Was kann ich denn stattdessen sagen?«

»Es gibt zahlreiche Möglichkeiten. Das kommt auf die Situation an. Sie eröffnen sich mehr Möglichkeiten, wenn Sie ›meinen‹ statt ›denken‹ sagen. Damit sprechen Sie ihr ganzes ›mein‹ an, ihre linke Gehirnhälfte und ihre rechte, den Bauch, einfach den ganzen Wilfried. Wörter sind Bestellkarten. Sie wirken besonders stark, wenn Sie sie bewusst wählen und sagen.« Wilfried probierte auch das Wort ›meinen‹ aus und fühlte seine Energie: »Es ist ganzheitlicher. Ich werde daran denken. Ach nein, schon wieder denken. Ich werde darauf achten!«

»Gut! Sie kommen schon dahinter! Ähnlich einengend, wenn auch anders, ist das Wort ›überlegen‹. Auch das Überlegen macht Ihnen das Leben schwer. Haben Sie schon einmal die wörtliche Bedeutung betrachtet? Sie legen ein Argument über das andere, bis Sie mit der Zeit eine ganze Mauer vor sich haben!«

Nun probierte Wilfried auf die gleiche Weise wie bei ›denken‹ auch das Wort ›überlegen‹. Er wiederholte es mehrfach und langsam und ließ es in sich nachklingen. Ihm wurde dabei immer schwerer zu Mute. Ich wusste, als ich ihn so sprechen hörte, intuitiv, dass er sich oft unterlegen fühlte. Beim Wiederholen dieses Wortes wurde die darin gespeicherte, belastende

Emotion deutlich hörbar und für ihn selbst spürbar. Diese Erfahrung war für ihn völlig unerwartet. Das Wort klang nicht mehr nach ›denken‹, ›überlegen‹. Es schwang etwas anderes mit. Er schaute mich fragend an.

Ich fragte ihn: »Welches innere Bild steigt in Ihnen mit diesem Wort auf?«

»Es ist das Gefühl von Überlegenheit. Ein anderer ist mir überlegen. Und ich bin unterlegen! Ich fühle mich manchmal anderen ausgeliefert.«

»Das habe ich gehört!«

»Unglaublich! Aber es stimmt. Ich kann oft nicht so, wie ich will. Ich würde ja gerne, wenn ich könnte. Aber ich kann nicht oder besser: noch nicht. Da sind wir wieder beim Anfang.«

Gerade für Wilfried war es aus diesem Grund hilfreich, eine Zeit lang einen Bogen um das Wort ›überlegen‹ zu machen. Solange er dieses Gefühl von Unterlegenheit darin gespeichert hatte, lud er mit ihm jedes Mal mehr vom gleichen Gefühl ein. Als Folge davon erlebte er diesen Schmerz immer wieder aufs Neue. Er durfte gut Acht geben. Wir merkten miteinander, wie oft er es sagte. Eine Situation, in er es häufig sagte, war eine beinahe alltägliche. Auf eine Frage antwortete er oft: »Ich weiß noch nicht, ich überlege es mir noch.«

Wir hatten ausgehend von einer Redewendung ein Grundthema von Wilfried ans Licht geholt und gleich einen Weg gefunden, es von Grund auf zum Guten zu wenden. Indem er bewusst damit aufhörte, dieses Thema beständig in sein Leben einzuladen, konnte es bald aufhören. Tatsächlich änderte sich mit dieser Korrektur in seinem Denken in den kommenden Monaten sein Leben. Die neuen Wörter wirkten und schufen eine neue Wirklichkeit.

Die Gefühle fließen lassen

Wilfried ging es von Mal zu Mal besser. Er fühlte sich immer besser. Mit diesem immer besseren Fühlen kam er nicht nur mit angenehmen, sondern auch mit lange verdrängten, schmerzlichen Emotionen in Berührung. Er empfand bei aller Freude auch eine unbestimmte Traurigkeit und konnte sie sich nicht erklären. Es war doch alles gut, woher kam jetzt diese Traurigkeit?

Die Erklärung ist einfach: Je mehr wir in uns ruhen, desto eher können sich der Körper und die Seele von alten Belastungen reinigen. Darum treten sie gerade dann hervor, wenn es besonders schön und harmonisch ist.

Wilfried fand die Erklärung noch am gleichen Tag. Der Moment der Erkenntnis war für ihn ebenso überraschend wie beim letzten Mal. Sie kam mehr als rasch über ihn. Sie hat ihn eben überrascht.

Es war, als ich mit einer anderen Kursteilnehmerin an ihrem Thema arbeitete. Sie hing an ihrem Mann und hatte Angst, ihn loszulassen. Dabei blockierte sie auf diese Weise ihn und gleichzeitig sich. Wir trugen erst Wörter und Redewendungen mit dem Grundwort ›hängen‹ zusammen und sprachen sie dann nacheinander bewusst und langsam, so dass das mit diesem Wort gespeicherte Gefühl als Emotion aufsteigen konnte.

Wilfrieds ›hängen‹ klang besonders schwer. Ich bat ihn, es noch einige Male langsam zu wiederholen, bis die damit gespeicherte Emotion aufstieg. Ich ahnte in diesem Augenblick, dass dieses Wort für ihn ein Schlüssel zu seinem Unterbewusstsein und zu der Geschichte war, mit der er in seiner Not abgeschlossen hatte und an die er daher nicht mehr so leicht mit seinem Bewusstsein herankam.

»Ich hänge – ich hänge – ich hänge – ich hänge – ich hänge.« Es dauerte eine ganze Weile, bis sich die Emotion löste. Dann begann er zu weinen.

Ich begleitete ihn: »Lassen Sie es heraus, es ist gut so. Fühlen Sie, wo Sie den Schmerz spüren. Legen Sie ihre Hand dahin und atmen dorthin. Konzentrieren Sie sich auf ihre Atmung: einatmen – ausatmen – einatmen – ausatmen – einatmen – ausatmen.« Ich atmete mit ihm und folgte seinem Atemrhythmus.

Es folgte eine lange Pause, in der nur noch das gleichmäßige, bewusste Atmen im Raum zu hören war.

»Nehmen Sie die Geschichte einfach wahr, die da hochkommt. Sie ist wahr. Nehmen Sie sie als wahr an. Das ist annehmen. Das macht Sie heil.«

Da brach es aus ihm hervor: »Ich habe seit sieben Jahren keinen Kontakt mehr mit meiner Schwester. Sie hat damals den Kontakt abgebrochen. Ich sehe täglich ihren Balkon, wenn ich an ihrem Haus vorbei in die Stadt gehe. Beim Einkaufen gehen wir wie Fremde aneinander vorbei. Mein jüngster Sohn weiß nicht einmal, dass diese Frau seine Tante ist.«

Ich atmete tief durch. Wie sollte dieser Mann seine Lebensfreude wieder finden, wenn er dieses Thema in seinem Herzen nicht bereinigt hatte? Er konnte und durfte seine Schwester nicht ändern. Er konnte auch nicht erwarten, dass sie jemals wieder Kontakt mit der Familie aufnehmen würde. Er hatte nur die Möglichkeit, die Wahl seiner Schwester zu achten und so in seinem Herzen Frieden zu finden. Die Situation bedrückte ihn enorm

Wenn eine Situation bedrückt, dann gibt es immer drei Möglichkeiten zur Auswahl: Ich ändere die Umstände, ich ändere meine innere Einstellung, oder ich werde auf Dauer krank. Wilfried hatte schon so viele Anläufe unternommen, um die Umstände zu ändern, doch ohne den gewünschten Erfolg. Krank werden wollte er auch nicht. Also blieb ihm nur, die innere Einstellung zu ändern. Das sagte ich ihm auch.

»Und wie? Das sagen Sie so einfach! Meine Mutter ist schon krank. Sie hat seit damals immer wieder mit ihrem Herzen Schwierigkeiten. Was kann ich nur tun?« Seine Verzweiflung war groß.

Ich antwortete ihm:

»Ich sehe Ihren großen Schmerz, Wilfried. Ich zeige Ihnen, wie Sie Ihre liebevollen Gefühle zu Ihrer Schwester fließen lassen können. Sie haben ja einen regelrechten Gefühlsstau. Und Ihrer Mutter geht es sicher genauso. Das ist ein Drama. Ich zeige Ihnen eine Übung, die Ihnen helfen kann. Wenn Sie mögen, können Sie sie auch Ihrer Mutter zeigen. Es ist die Übung mit den roten, flauschigen Herzen.«

Jeder, der mich kennt, lernt irgendwann diese Übung kennen. Selbst in einem Managertraining brachte ich einmal diese Übung ein, als ich von den großen internen Schwierigkeiten erfuhr. Auch von dort bekam ich eine Woche später die erfreuliche Meldung, dass sie den Mitarbeitern eine regelrechte Wende ermöglicht hat. Nun, diese Übung ist ebenso kitschig wie wirksam. Darf ich Sie Ihnen zeigen?«

Wilfried nickte und schaute mich neugierig an. Ich sagte: »Ändern Sie ihre Einstellung, indem Sie bewusst damit beginnen, neu zu denken und zu fühlen. Stellen Sie sich ein großes, rotes Herz vor, am besten eines aus flauschiger, weicher Wolle. Das macht das Herz weich. Schicken Sie dieses Herz in Gedanken Ihrer Schwester. Packen Sie Ihre ganze Liebe in dieses rote Flauschherz. So können Ihre Gefühle wieder fließen. Sie können ihr so oft und so viele Herzen schicken wie Sie mögen. Machen Sie es immer, wenn Sie an sie denken. Es geht um Sie, darum, dass Ihre Gefühle fließen. Erwarten Sie bitte nichts. Schauen Sie einfach, was geschehen wird. Sie werden es schon merken. Das, was Sie aussenden, werden Sie wieder bekommen. Das heißt freilich nicht, dass es unbedingt von ihr zu Ihnen kommen wird.« Etwas bang fragte er mich dennoch: »Kommt sie dann wieder? Und wirkt das wirklich?«

»Es ist ihre Wahl, ob sie wieder kommen wird oder nicht. Ich weiß, dass die Situation Ihnen weh tut. Dennoch: Geben Sie Ihre Schwester frei, aus Liebe zu ihr. Erwartungshaltungen blockieren. Darum erwarten Sie bitte nichts. Je freier sie ist, desto leichter wird es ihr sein, wieder den Kontakt mit Ihnen aufzunehmen. Was Ihre zweite Frage angeht, so lassen Sie es uns hier miteinander ausprobieren, welche Wirkung diese Übung hat!

Wilfried schickte der Reihe nach mehreren Teilnehmern und Teilnehmerinnen in der Gruppe in Gedanken große, rote Flauschherzen. Alle im Raum konnten sie fühlen, diejenigen, denen er das Herz geschickt hatte und auch die anderen. Diese Übung erzeugte bei allen eine fröhliche Stimmung. Jeder Zweifel war ausgeräumt. Wilfried war klar, dass er auch seiner Schwester die mentalen Herzen schicken wird. Er begann gleich jetzt. Das machte ihm das Herz viel leichter. Endlich konnten die Gefühle wieder frei fließen! Er atmete mehrmals tief durch und lächelte dann glücklich.

Die Freude im Raum war groß. Einige Kursteilnehmer wussten gleich jemanden in ihrer Familie, für den sie das rote, flauschige Herz brauchen konnten. Wilfrieds Geschichte blieb nicht allein. Er war nur mutig gewesen und hatte als erster von den Kommunikationsschwierigkeiten innerhalb seiner Familie gesprochen.

Will-Fried wie Wohlfühlen

Heute sieht sich Wilfried als den Mann, der Frieden will. Er heißt so: Will-Fried. Wilfried tat es gut, dass er seiner Schwester nun auf eine konstruktive Weise Beachtung schenken konnte. Es war die Achtung, die mit der mangelnden Beachtung gefehlt hatte. Wir sprachen wieder von der Würde und der Würdigung und erinnerten uns auch an seine vielen Würde-Sätze, mit denen er das LINGVA ETERNA® Sprachtraining begonnen hatte. Seit er nun mit Hilfe der roten, flauschigen Herzen auch mit schwierigen Situationen leichter seinen Frieden machen kann, weiß er, dass er seines eigenen Glückes Schmied ist.

Insgesamt kam Wilfried ein Jahr lang. Am Ende besuchte er das Seminar Mission – Vision. Da wurde ihm bewusst, welche Aufgabe er im Leben hat. Seitdem weiß er, dass er dafür in jeder Hinsicht gut ausgestattet ist. Und er hat erkannt: Wenn es leicht geht, stimmt's.

So ist er im Reinen mit sich und freut sich seines Lebens. Nun kann er wieder lachen. Aus diesem inneren Einklang heraus erlebt er eine neue Dimension des Glücks mit seiner Frau. Sie schwingen miteinander. Aus dem Wilfried wie ›schön wär's‹ ist Wilfried wie ›Wohlfühlen‹ geworden.

Erfrischende Tipps

- Das Leben ist jetzt: Beenden Sie die ›hätte‹-, ›könnte‹-, ›sollte‹-Sätze.
- Statt der vielen kleingeschriebenen ›würde‹ schreiben Sie ›Würde‹ nur noch mit dem großen W.
- Erkennen Sie ihren eigenen Wert und werden Sie dabei schlank.
- ›Verstehen‹ und ›überlegen‹ blockieren. Mit ›einleuchten« und ›klar werden‹ setzen Sie Potentiale frei.
- Sprechen Sie ihr ganzes Sein an: Sagen Sie statt ›denken‹: ›meinen‹.
- Machen Sie es mit Herz: Die roten, flauschigen Herzen schaffen Frieden.
- Das bewusste wiederholte Sprechen von Wörtern kann alte darin gespeicherte Emotionen auslösen. Fühlen Sie, wo in Ihrem Körper Sie die Emotion fühlen und atmen Sie dorthin.

Sonja sucht Halt und Geborgenheit

Sonja war, als ich sie kennen lernte, Anfang dreißig. Ihre Mutter war gestorben, als sie noch ein kleines Kind war. Sie wuchs bei ihrem Vater und seiner zweiten Frau in Rumänien auf. Mit der Stiefmutter kam sie nicht klar und litt an ihr. So zog sie mit Anfang zwanzig bei einer günstigen Gelegenheit aus dem Elternhaus aus: Ihre Tante, wie sie Deutschrumänin, ging zurück nach Deutschland, und sie ging mit ihr. Sie zogen in die gleiche Stadt, jedoch nicht in die gleiche Wohnung. Sonja war froh, die spannungsreiche Situation in Rumänien hinter sich gelassen zu haben. Doch konnte sie nicht so recht glücklich werden. Sie fühlte sich entwurzelt. Schon bald lernte sie einen Mann kennen, bei dem sie Halt und Geborgenheit zu finden hoffte. Sie waren nun schon sieben Jahre verheiratet. Sie hatte ein Anliegen, das ihr sehr peinlich war: Ihr Mann ging fremd. Und sie war mit den Nerven am Ende.

Sonja hatte von einer Freundin von mir gehört, die bei mir LINGVA ETERNA® Seminare besucht hatte. Sie hatte schon vieles von ihr gelernt und an ihrer Sprache gut geputzt. So kamen wir schnell voran. Ich kenne sie nur von Einzelstunden. Ich durfte sie vier Monate lang begleiten. Danach rief sie mich noch gelegentlich an oder ließ mir Grüße ausrichten. So erfuhr ich von der glücklichen Weiterentwicklung.

Den Punkt der Stärke erreichen

Bei ihrem ersten Besuch erzählte sie die näheren Umstände ihres Lebens. Ihr Mann ging mit der Nachbarin fremd, und das schon seit zwei Jahren. Sie wusste es seit einigen Wochen, doch hatte sie es schon länger geahnt. Sie fühlte sich furchtbar betrogen und war voller Schmerz.

Sie klagte: »Ich hänge so sehr an meinem Mann, er ist das Einzige, was ich hier in Deutschland habe. Kinder haben wir keine, leider keine. Ich hätte so gerne ein Kind! Aber ich werde und werde nicht schwanger. Und ich habe Angst, dass ich den Mann jetzt an die Nachbarin verliere. Dabei hat sie einen eigenen Mann und drei kleine Kinder! Ich mache da Schlimmes mit!«

Das war für sie wahrlich eine schwierige und schmerzliche Situation. Sonja war gefordert. Sie musste etwas tun. Sie hielt es anders nicht mehr aus. Sie konnte nicht mehr weiter schweigen. Damit hatte sie den Punkt der Stärke erreicht. Je auswegloser eine Situation ist, desto größer ist die Bereitschaft und damit die Kraft, der Situation eine glückliche Wende zu geben.

»Liebe Sonja«, begann ich, »das ist schwer für Sie. Da machen Sie einiges mit! Doch machen Sie es mit. Hören Sie die Sprache: Sie machen es mit, solange Sie den Dingen einfach ihren Lauf lassen und nicht eingreifen. Also ist Handlung angesagt.«

»Ja, aber wie? Es ist alles so schrecklich. Mein Mann macht das alles fast vor meinen Augen. Wie kann er nur! Er muss doch wissen, dass mir das weh tut. Er behauptet, dass er in die Stadt fährt, und dann sehe ich, wie er losfährt und dann wenige Minuten später bei ihr in die Haustüre huscht. Er parkt das Auto nur in der nächsten Straße. Ich fühle mich so betrogen!«

»Wie heißt ihr Mann denn?«

»Er heißt Jakob!«

»Jetzt weiß ich, wie er heißt. Dann müssen wir nicht immer von ›Ihrem Mann‹ und ›mein Mann‹ sprechen. Das ist wirklich bitter, was Sie mit Jakob erleben. Und ich kann mitfühlen, dass

Sie Anlass zum Klagen haben. Dennoch kommen Sie mit dem Klagen nicht weiter.

Hören Sie als Erstes bitte auf zu klagen, auch wenn Sie noch so viel Grund dafür zu haben glauben. Schauen Sie nach vorne. Unser Schöpfer hat uns Menschen zwei Augen gegeben, die nach vorne schauen. Keines blickt nach hinten. Wir sollen damit nach vorne schauen. Wer immer nach hinten blickt, der hat irgendwann das Nachsehen. Die Sprache birgt soviel Weisheit in sich! Es erfordert einen bewussten Schritt, sich für das Leben zu entscheiden und das Grübeln und das marternde Fragen aufzugeben. Sind Sie bereit, diesen Schritt zu tun?«

Sonja war bereit. Dennoch konnte oder wollte sie es noch nicht sein lassen, sich wegen Jakobs Verhalten zu beschweren. Es gelang ihr leichter, als ich sie anleitete, die Energie des Wortes zu fühlen und ihr die wörtliche Bedeutung bewusst machte.

»Ich nehme ›beschweren‹ ganz wörtlich. Dann offenbart sich eine Wahrheit: Wenn Sie sich beschweren, dann machen Sie es sich selber schwer. Ihr Leben ist doch so schon schwer genug. Mit diesem Denken laden Sie sich noch mehr Last auf!«

Dann bat ich Sonja, zweimal zu sagen: ›Ich beschwere mich‹ und dieses Wort zu fühlen. Dafür sollte sie die Augen schließen und eine Hand auf den Bauch legen. Sie tat es: »Ich beschwere mich. Ich beschwere mich.« Sie empfand das Wort als bedrückend. Das war ihr vorher nicht bewusst gewesen.

Als Nächstes bat ich sie, eine dazu passende Geste zu machen. Nach kurzem Zögern legte sie ihre Hände überkreuz auf ihre Schultern und drückte sie nach unten.

»Das ist ja ein schreckliches Wort!«, sagte sie. »Ich mag es jetzt gar nicht mehr sagen!«

»Dann lassen Sie es. Es genügt, wenn Sie das sagen, was Sie sagen wollen. Sie dürfen natürlich ehrlich sagen, was Ihnen nicht passt. Nur geben Sie dabei bitte acht auf Ihre Gefühle. Fühlen Sie dabei bitte, dass Sie eine Klärung herbeiführen wollen!«

Sonja sagte: »Ich sage, was mir nicht passt. – Ich sage, was mir nicht passt.« Dieser Satz war ihr wesentlich angenehmer als der Satz »Ich beschwere mich.« Ihre Stimme war auch ganz anders. Sonja konnte die unterschiedliche Wirkung der beiden deutlich spüren und war fasziniert.

Ich sagte ihr: »Sie wünschen sich sehnlichst eine Änderung. Und Sie können etwas ändern. Mit einem neuen Denken und Sprechen können Sie der Situation eine Wende geben. Eine bewusst gewählte neue Ausdrucksweise hat eine kraftvolle Wirkung!«

Nach vorne schauen!

Beschwerden führen mit der Zeit zu Beschwerden und weiteren Beschwernissen.

Das können Beschwerden in der Familie oder am Arbeitsplatz sein oder auch Mahnungen für unbezahlte Rechnungen. Ebenso können es körperliche Beschwerden sein. Diese Beschwerden haben immer eine Ursache. Energie, die jemand aussendet, kommt immer wieder zu ihm als dem Absender zurück. Dies geschieht nicht immer gleich und auch meist nicht von der Richtung, in der er die eigene Beschwerde ausgesendet hat. Wer sich beschwert, macht sich damit auf Dauer nur krank und unglücklich. Wer dieses Grundprinzip einmal erkannt hat, der kann diese Zusammenhänge im Leben leicht sehen.«

Sonja sagte: »Ich bin schon krank geworden. Das kränkt mich ja auch alles so furchtbar. Mich schmerzt mein Herz, und mir tut der Magen furchtbar weh. Ich habe beständig Magenschmerzen, wenn ich daran denke! Krank werden will ich nicht.

Die Umstände kann ich nicht ändern. Mein Mann, der Jakob, rennt zu der Nachbarin, was kann ich da tun? Das ist doch nicht richtig, was Jakob macht, oder?«

»Es geht nicht um richtig oder falsch. Es ist, wie es ist. Und es ist klar, dass Sie nicht mehr bereit und auch psychisch und physisch nicht mehr in der Lage sind, diesen Zustand mit Jakob weiterhin zu ertragen.

Schauen Sie nach vorne und öffnen Sie sich für das Leben. Es wird weitergehen. Schauen Sie auf das, was kommt und nicht auf das, was geht! Lassen Sie los, dann können Sie leichter mit der nächsten Welle des Lebens mitschwingen. Es wird wieder so sein, wie es war, oder sogar besser. Ich weiß, dass es so ist. Trauen Sie dem Leben!«

Ich erzählte ihr dann, dass mir eine liebe Frau in einem ähnlich schweren Moment meines Lebens einen kleinen Blumenstrauß geschenkt hat, in den sie einen Gruß hineingelegt hatte. Darauf stand: »Immer wenn du denkst, es geht nicht mehr, kommt von irgendwo ein Lichtlein her.« Und es stimmt!

Da erstrahlte ein Lächeln auf Sonjas Gesicht: »Ja, ich sitze vor einem solchen Lichtlein!«

Ent-binden heißt frei geben

»Ich bin der Meinung, dass Sie Ihre innere Einstellung zu Jakob wandeln können, wenn Sie es wollen. Lassen Sie Ihren Mann innerlich los. Ent-binden Sie ihn! Das macht ihn und Sie frei. Die Lage ist verwickelt. Es ist sinnvoll, sie zu entwickeln und die Verwicklungen bewusst zu lösen, auch im Denken und Sprechen.«

Nach einer längeren Pause sagte ich: »Am Beginn des Lebens steht eine Entbindung. Das Freigeben für den nächsten

Schritt gehört zum Leben. Bei der Entbindung weiß eine Frau nie, wohin das Kind, das sie gerade auf die Welt bringt, seine Schritte lenken wird. Doch gerade mit dem Ent-binden wird das Leben erst möglich. So ist es auch hier: Mit dem Neubeginn geht eine Entbindung einher. Hören Sie bewusst auf, an Jakob zu hängen!«

Das wollte Sonja nicht: »Ich kann nichts Schlimmes daran sehen, wenn ich an ihm hänge! Ich liebe ihn, und ich kann nicht ohne ihn leben!«

»Dann sagen Sie bitte zweimal: ›Ich hänge an meinem Mann‹.« Sonja tat das und empfand dabei nichts Außergewöhnliches. Das Gefühl war für sie normal. Sie zuckte mit den Schultern.

»Ich werde Sie gleich noch einmal bitten, diesen kleinen Satz zu sagen. Doch mache ich Ihnen vorher die Bedeutung dieses Wortes bewusst. Nehmen Sie das Wort ›hängen‹ ganz wörtlich. Sie hängen mit einem Band an ihm oder an einem Haken, und er kann Sie jederzeit abhängen. Das erleben Sie gerade schmerzlich. Haben Sie eher das Gefühl, dass ein Band Sie bindet und dass Sie daran hängen? Oder ist es ein Haken, an dem Sie hängen?«

Sonja antwortete mir: »Es ist mehr als ein Band. Es ist ein Seil!« Sie zeigte mit ihren Händen ein dickes Seil.

»Wenn so ein dickes Seil Sie aneinander bindet, dann können Sie sich beide nicht frei bewegen. Sie können keine Schritte für sich alleine machen. Das ist nicht Liebe, das ist Anbinden! Keiner von Ihnen beiden kann so in Frieden seinen Weg gehen.«

Sonja lachte: »Das wäre jetzt ganz gut! Dann könnte er nicht einfach zur Nachbarin huschen!« Eine lustige Vorstellung, er mit seiner Frau im Schlepptau auf dem Weg zur Nachbarin! Sonjas Humor lebte wieder auf.

Danach bat ich sie, nochmals ›ich hänge an meinem Mann‹ zu sagen und die Wirkung für sich selbst und für ihn zu fühlen.

Sie tat es und musste dieses Mal herzlich lachen. Dieses Lachen befreite sie.

»Was können Sie denn jetzt sagen statt ›ich hänge an meinem Mann‹?«

»Ich liebe meinen Mann!«

»Klar! Probieren Sie auch diesen Satz aus. Fühlen Sie, wie er auf Sie und auf ihn wirkt!«

Sonja tat es: »Ich liebe meinen Mann! Ich liebe meinen Mann!« Sie erkannte den Unterschied: »Lieben fühlt sich viel freier an als hängen. Das ist ein himmelweiter Unterschied!«

Dann stutzte sie einen Augenblick und sagte weiter: »So habe ich das noch nie gesehen! Wenn mein Mann das auch so empfindet, dann muss er ja flüchten! Aber wie soll das gehen? Er hört das doch gar nicht! Ich habe ihm noch nie gesagt, dass ich an ihm hänge. Ich sage ihm, dass ich ihn sehr liebe.«

»Er spürt, dass Sie an ihm hängen. Das treibt ihn aus dem Haus. Er will nicht angehängt werden. Sobald Sie anders denken, strahlen Sie etwas anderes aus.

Achten Sie in Ihrem Alltag auf die Redewendung ›ich hänge an jemandem oder etwas‹ und machen Sie sich die nachteilige Wirkung bewusst. Und wenn Ihnen das Wort gegen den Strich geht, ersetzen Sie es durch eine neue Formulierung! Unterdrücken Sie diese Redewendung bitte nicht. Der innere Widerstand gegen das Wort wächst von allein mit der Einsicht. So wandelt sich Ihr Denken und damit auch Ihre Einstellung zu Jakob.«

»Kommt er dann zurück, wenn ich aufhöre an ihm zu hängen?«, fragte sie mich nach einer Weile etwas bang.

»Das werden wir sehen. Seien Sie beruhigt! Das, was zusammen gehört, bleibt zusammen und kann durch nichts auseinander gerissen werden. Und das, was nicht oder nicht mehr zusammen gehört, das geht auseinander. Die Nachbarin kann diese Entwicklung höchstens beschleunigen. Doch hat sie keine Macht, wenn Sie wirklich zusammenpassen. Trauen Sie dem Leben und erwarten Sie von Jakob nichts. Sonst binden Sie ihn schon wieder. Das ist gut zu wissen. Erwartungshaltungen binden und blockieren. Sie sind eine Falle. Mit dem Loslassen wird Jakob frei, wieder zu kommen. Ob er dann tatsächlich wieder kommen wird, das ist seine freie Wahl!«

Die eigene Stärke entwickeln

Sonja war entwurzelt. Darum suchte sie Halt an ihrem Mann. Sie hatte die Heimat früh hinter sich gelassen und schon als kleines Mädchen ihre Mutter verloren. Es war für sie nun lebenswichtig, den Halt in sich selbst zu finden.

»Sonja, Sie sagten, dass Sie ohne Ihren Mann nicht leben können. Mit dieser inneren Einstellung sind Sie auf den Halt durch Ihren Mann angewiesen. Finden Sie den Halt in sich selbst. Sonst benutzen Sie Ihren Mann als Ihren Halt-Geber. In einer Partnerschaft achtet jeder auf sich selbst und auf den Partner. Dann kann jeder dem anderen beistehen und für ihn da sein. Wenn aber der eine sich abhängig macht vom anderen, dann überfordert er mit der Zeit seinen Partner. Er muss dann immer vorangehen und den anderen mitnehmen. Wenn Sie etwas an Ihrer Einstellung ändern, dann tun Sie sich und Ihrer Ehe etwas Gutes!«

Sonja war ehrlich mit sich selbst und bereit, die Realität zu sehen. Darum sagte sie:

»Das stimmt, ohne den Halt durch meinen Mann komme ich ins Schwanken. Ich bewundere ihn! Ja, ich bewundere ihn, obwohl er sich dauernd zur Nachbarin schleicht!«

»Und was bewundern Sie an ihm?«, fragte ich sie.

Ohne auch nur eine Sekunde nachzudenken sage sie: »Ich bewundere seine Stärke!«

»Ah! Sie bewundern seine Stärke! Wissen Sie, dass Sie immer das am Partner bewundern, was auch Sie in sich tragen und bei sich selbst nicht oder noch nicht sehen können? Entwickeln Sie Ihre eigene Stärke! Wickeln Sie sie aus! Dann werden Sie bald den Halt in sich selbst gefunden haben!« Diese Sichtweise machte ihr Mut.

»Habe ich so viel Stärke?«, fragte sie mich.

»Ja, sicher, sonst würden Sie sie nicht bei einem anderen bewundern! Also bewundern Sie Ihren Mann bitte nicht. Mir ist es lieber, dass Sie ihn von Herzen so annehmen, wie er ist! Wenn Sie ihn bewundern, stellen Sie ihn allzu leicht auf ein Podest. Damit stellen Sie ihn über sich. Das Leben will nicht, dass jemand sich oder einen anderen über den anderen erhöht. Sonst erfordert es einen Ausgleich. Nach der Erhöhung folgt eine Erniedrigung. Die erleben Sie bereits.

Erlauben Sie sich Ihre eigene Stärke! Sie haben Sie in sich, sonst würden Sie sie nicht bei Jakob bewundern. Er erinnert Sie mit seiner Stärke an Ihre eigene Stärke! Packen Sie sie selbst aus, entwickeln Sie sie!«

»Puh!«

Wenn es um die eigene Stärke geht, zitiere ich gern Nelson Mandelas Antrittsrede aus dem Jahr 1994. Ich trug sie auch Sonja vor: »Unsere größte Angst ist nicht, unzulänglich zu sein. Unser Licht, nicht unsere Dunkelheit ängstigt uns am meisten. Wir fragen uns: Wer bin ich denn, dass ich so brillant sein soll? Du bist ein Kind Gottes. Es dient der Welt nicht, wenn du dich klein machst, nur damit andere um dich herum sich nicht unsicher fühlen. … Wenn wir von unserer eigenen Angst befreit sind, befreit unsere Gegenwart andere von ihrer Angst!«

Sonja lauschte aufmerksam und schaute mich dann mit großen Augen an: »Oh, das geht tief! Ja, ich werde meine eigene

Stärke entwickeln. Ich trau mich einfach. Und was kann ich konkret dafür tun?«

»Ich setze wie immer bei LINGVA ETERNA® auf der sprachlichen Ebene an. Achten Sie auf das Wort ›bewundern‹, wenn es darum geht, einen Menschen zu bewundern. Beobachten Sie, wie oft Menschen in Ihrer Umgebung dieses Wort sagen und wie oft Sie es selbst sagen. Wiederholen Sie diese Sätze jeweils einmal und fühlen Sie ihre Wirkung. Sehen Sie wirklich ein Wunder in der Begabung des anderen? Oder kommt Ihr Bewundern eher aus einem Mangeldenken?« Wenn dies so ist, dann bewundern Sie das an Ihrem Mitmenschen, was Sie selbst nicht zu haben glauben. Dabei haben Sie es in sich, sonst würden Sie es bei ihm nicht bewundern! Macht das für Sie einen Sinn?«

Sonja wusste, dass sie und auch ihre Freundinnen viele Menschen für etwas bewunderten. Bis jetzt hatte sie das Bewundern gut gefunden. Nun hatte sie einen neuen Blickwinkel bekommen. Sie wollte jetzt lieber sagen: »Das schätze ich an ihm oder ihr.« oder »Jemand hat eine große Begabung für etwas.« oder auch »Er oder sie kann wunderbar kochen.« Mit diesen Formulierungen machte sie dann Wortproben und fühlte sich mit ihnen wohl. Sie war sich sicher, dass sie nicht mehr so schnell einen Menschen für etwas bewundern wollte.

»Sie können auch der Stärke Aufmerksamkeit schenken. Entdecken Sie die Sprache und probieren Sie, wo und wann Sie Wörter mit der Silbe ›stark‹ in Ihre Sprache und damit in Ihr Denken integrieren können. Sie können es beispielsweise als Ausdruck der Anerkennung sagen: ›Das war jetzt stark!‹ Finden Sie selber heraus, was Ihnen in den Sinn kommt! Sie können ja auch im Duden blättern. Damit lenken Sie Ihre Aufmerksamkeit auf die Stärke. Und die Energie folgt bekanntlich der Aufmerksamkeit. Auch so wird Ihre Stärke wachsen. Das habe ich schon vielfach beobachtet!«

Sonja sagte laut: »Ich fühle mich schon jetzt stärker!«

Seine Wurzeln finden

Wir können noch viel leichter unsere eigene Stärke und den Halt in uns finden, wenn wir unsere Wurzeln stärken. Bei einem Baum werden der Stamm und die Krone umso kräftiger, je besser er mit seinen Wurzeln Halt und Nahrung in der Erde findet. Ohne die Wurzeln kann kein Baum auf Dauer gedeihen.

Für uns Menschen sind die Wurzeln unsere Eltern und Ahnen. Es ist fundamental, dass wir uns innerlich an sie anschließen und sie annehmen können. Sie sind unser Fundament und unsere Basis. Wir sollen sie achten und ehren, damit es uns gut geht auf der Erde. So heißt es im vierten Gebot. Es ist das einzige Gebot, das eine Verheißung enthält und uns unseren eigenen konkreten Nutzen sichtbar macht.

Ich lade jeden Menschen, der zu mir kommt, ein, seiner Mutter und seinem Vater dafür zu danken, dass sie ihm das Leben geschenkt haben. Ein ehrlicher, in Worte gefasster Dank hat eine enorm heilsame und befreiende Wirkung. Es ist in unserem Land leider nicht üblich, dass Erwachsene diesen Dank wortwörtlich und nicht nur zwischen den Zeilen und durch die Blume den Eltern von Angesicht zu Angesicht sagen. Ich wünsche mir von Herzen, dass das Bewusstsein dafür wieder wächst. Es wird eine segensreiche und heilsame Wirkung für den Einzelnen und für die Gesellschaft haben. Dieser Dank setzt Energien frei, die bis dahin blockiert sind. Der Saftfluss kann danach frei aufsteigen und den ganzen Baum beleben.

Sonja erzählte, dass sie ihrem Vater Geschenke nach Rumänien schickte und ihn gelegentlich anrief und ihm auch schrieb. Sie hatte keinen Streit mit ihm, doch empfand sie auch keine besondere Nähe zu ihm. Und die Mutter war für sie weit weg. Sie dachte im Augenblick nicht einmal an sie.

»Es ist schön und liebenswürdig, dass Sie so an Ihren Vater denken. Ich wünsche Ihnen, dass Sie für ihn Dankbarkeit empfinden können. Die fühle ich noch nicht. Sie tun sich selbst etwas Gutes, wenn Sie ihm in wenigen, ehrlich empfundenen Worten mit ihrem Herzen dafür danken, dass er Ihnen ihr Leben geschenkt hat. Wollen Sie das?«

Sie nickte. Ich fragte sie: »Wie nennen Sie ihn? Papa?«

Sie nickte wieder: »Ja, Papa!«

»Dann ist das der Satz, den ich Ihnen anbiete: ›Lieber Papa, ich danke dir, dass du mir mein Leben geschenkt hast!‹ Können Sie hinter diesem Satz stehen?«

Sie nickte nochmals. Dann fragte sie: »Soll ich ihm das persönlich sagen? Aber er ist doch so weit weg? Kann ich ihm das auch schreiben?«

»Das können Sie ihm auch schreiben. Es ist sicher noch schöner, wenn Sie es ihm persönlich sagen können. Sie werden sicher den bestmöglichen Weg finden.«

Nach einer Pause ergänzte ich: »Sie können ihm den Dank auch von hier aus sagen. Stellen Sie sich Ihren Papa einfach vor und sagen Sie es ihm!«

Sonja atmete tief durch und sagte voller Gefühl: »Papa, ich danke dir, dass du mir mein Leben geschenkt hast!« Sie schwieg eine Weile, angenehm ergriffen von der Wärme, die sich in ihr ausbreitete.

»Das hat sehr gut getan. Ich werde meinem Papa auch schreiben.«

Jetzt klang ›Papa‹ ganz anders als vorhin. Das Wort konnte jetzt viel freier schwingen.

Ebenso dankte sie ihrer Mutter. Sonja brauchte etwas Zeit, bis sie sich erinnerte, wie sie zu ihr gesagt hatte. Es war wirklich not-wendig, dass Sonja ihr Aufmerksamkeit schenkte und dann den Dank sagte. Seit ihrem Tod war nur wenig von ihr gesprochen worden. Aus diesem Grund gab ich ihr andere Sätze für den Dank.

Nun ließ Sonja ihre Mutter vor ihrem inneren Auge aufsteigen und dankte ihr: »Mama, ich danke dir, dass du mir mein Leben geschenkt hast. Ich danke dir für alles, was du mir gegeben hast. Ich nehme es dankbar an und halte es in Ehren. Ich verneige mich vor deinem schweren Schicksal und lasse das Schwere bei dir. Solange ich lebe, halte ich die Erinnerung an dich wach. Bitte gib mir deinen Segen, damit es mir gut geht auf der Erde.«

Diese Sätze erfüllten und bewegten Sonja. Sie begann tief zu atmen, und der lange verdrängte Schmerz stieg in ihr auf.

»Nehmen Sie den Schmerz an. Konzentrieren Sie sich auf Ihre Atmung. Lenken Sie den Atem dahin, wo Sie den Schmerz fühlen! Einatmen – ausatmen – einatmen – ausatmen …«

Nach einigen Atemzügen seufzte Sonja erleichtert auf. Sie schaute mich an und sagte: »Meine Mutter hatte ich völlig vergessen. Mir war meine Stiefmutter präsent, aber nicht meine Mutter. Jetzt habe ich sie wieder gefunden.« Sie schwieg und seufzte noch einmal erleichtert auf; »Das hat mir gut getan und sicher auch der Mama. Ich werde auch meiner Mama einen Brief schreiben und den Papa bitten, ihn auf ihr Grab zu legen.«

Sonjas Gesichtsausdruck war gewandelt. Sie war wie neu geboren. Ihre Haut war rosig und der Blick klar.

Es war der laut ausgesprochene Dank, der diese heilsame Wirkung hatte. Mit ihrem zweimaligen Dank für das Leben hat Sonja ›Ja‹ zum Leben gesagt und auch ›Ja‹ zum Sterben der Mutter. Dieser Dank hat sie einen wesentlichen Schritt nach vorne gebracht.

Die Auswirkung dieses doppelten Danks war beglückend. Sonja wurde von da an wesentlich stabiler. Auf dieser Basis konnte ihr das Ent-binden ihres Mannes viel leichter gelingen, das auch ein »Ja« zum Leben ist.

Sonja setzte alles ein, um einen neuen Anfang zu machen. Sie war auch bereit, einen Schlussstrich unter die Geschichte mit der Nachbarin zu ziehen. Doch forderte sie dafür eine Entschuldigung ihres Mannes. Von einem eher formelhaften ›Entschuldigung, ich will es nicht wieder tun!‹ hätte sie nichts gewonnen. Niemand kann ein ›Entschuldigung‹ fordern und erzwingen, dass diese Entschuldigung von innen kommt. Es liegt an ihrem Mann, wirklich zu erkennen, was er getan hat und das auch zu bereuen und daraufhin seinerseits einen Neuanfang zu machen. Erst dann kann er seine Schuld bereinigen.

Sonja konnte sich und ihm den Weg dorthin ebnen, indem sie aufhörte, ihrem Mann irgendetwas nachzutragen. Solange sie ihm seine Schuld nachtrug, behinderte sie sich und auch ihn.

Darum fragte ich sie: »Tragen Sie ihm noch etwas nach?«

»Ja, schon!«

»Sie können damit sofort aufhören, wenn Sie es wollen! Nehmen Sie das Wort ›nachtragen‹ einmal ganz wörtlich. Dann wird leicht sichtbar, wie unsinnig ›nachtragen‹ ist. Sie tragen jemandem einen Koffer hinterher, der kein Interesse an dem Koffer hat und ihn folglich gar nicht haben will. Sie belasten sich mit dem Gewicht, haben die Hände nicht frei für Ihre eigenen Handlungen und verlieren außerdem Ihren eigenen Weg aus dem Blick! So schaden Sie sich nur. Sie können das Nachtragen gleich heute bewusst beenden und Jakob den Koffer wiedergeben. Wollen Sie das? Im Tausch können Sie sich bei ihm das abholen, was Sie von ihm immer bekommen wollten.« Ich schaute sie fragend an. »Wollen Sie das?«

Sonja nickte. So ging ich mit ihr in die Tiefe: »Was kommt in den Koffer, den Sie ihm bis jetzt nachtragen?«

Ich gab ihr zwei Blätter Papier. Sie malte auf jedes Blatt einen Koffer. In den ersten Koffer schrieb sie alles hinein, was sie Jakob nachtrug. Der zweite Koffer blieb noch leer.

Sie schrieb untereinander in den ersten Koffer die Wörter ›Betrug‹, ›Lieblosigkeit‹, ›Lügen‹ und ›Missachtung‹. Sie malte an den Griff des Koffers ein Schildchen. Darauf schrieb sie ›für Jakob‹.

In den zweiten Koffer schrieb sie das, was sie sich von ihm ersehnte. Es war der Gegenpol dieser Wörter: ›Aufrichtigkeit‹, ›liebevoller Umgang‹, ›Ehrlichkeit‹ und ›Achtung‹. An diesen Koffer malte sie ein Schildchen mit der Aufschrift ›für Sonja‹.

Dann leitete ich sie an, diese Koffer zu tauschen.

»Sonja, schließen Sie bitte Ihre Augen und lassen Sie vor Ihrem inneren Bild Ihren Mann auftauchen. Geben Sie ihm den Koffer mit Betrug, Lieblosigkeit, Lügen und Missachtung. Und sagen Sie ihm dazu: ›Das gehört dir. Ich gebe es dir wieder. Es gehört dir.‹ Geben Sie ihm den Koffer auf eine liebevolle Weise wieder. Ihr Mann kann viel leichter innerlich aufräumen, wenn Sie das alles loslassen und ihm wiedergeben.«

Als nächstes holen Sie sich in Gedanken Ihren Koffer mit Aufrichtigkeit, liebevollem Umgang, Ehrlichkeit und Achtung dort ab und nehmen ihn an sich. Wenn Sie das getan haben, öffnen Sie die Augen wieder. Ich lasse Ihnen jetzt Zeit, dies zu tun.«

Als sie diese Übung beendet hatte, zerknüllte ich vor ihren Augen das Papier mit dem Koffer für Jakob und tat es weg. Dann gab ich ihr das Blatt mit ihrem Koffer und sagte:

»Betrachten Sie freudig Ihren Koffer mit seinem angenehmen Inhalt. Wiederholen Sie jedes Wort ein paar Mal und fühlen es in Ihrem ganzen Körper. Fühlen Sie jedes Wort und füllen Sie sich damit!«

Sonja machte das. Ich bat sie, dem neuen Koffer mit seinem angenehmen Inhalt liebevolle Aufmerksamkeit zu schenken. So konnte sie sich mit Wörtern das in ihr Leben einladen, was sie erleben wollte.

Sonja trug ihrem Mann jetzt nichts mehr nach. Mit dem Koffertausch hatte sie ihm sinnbildlich vergeben: ver-geben.

Ganzheitliches Erfassen

Es gibt eine Übung, mit der wir die Wirksamkeit des Koffertausches erheblich steigern können. Dabei speichern wir die angestrebten, als angenehm empfundenen Wörter bewusst und ganzheitlich durch gezielte Bewegungen ein. Die neuen Speicherungen ziehen danach Situationen an, die mit ihnen Resonanz haben.

Diese Übung kann im Sitzen oder im Stehen durchgeführt werden. Ich bot sie Sonja an und leitete sie an, sie durchzuführen. Als erstes bat ich sie, die Hände locker auf den Bauch zu legen und das erste Wort aus ihrem neuen Koffer zu sagen und zu fühlen. Es war das Wort ›Aufrichtigkeit‹. Sie wiederholte es und ließ es in sich nachklingen: ›Aufrichtigkeit – Aufrichtigkeit‹. Sie ließ sich dieses Wort auf der Zunge zergehen. Ich fragte sie, ob und wo sie die Wirkung in ihrem Körper spürte. Sie legte spontan die Hand aufs Herz und sagte, dass dieses Wort sie innerlich wärmt. Als nächsten Schritt schrieb sie das Wort ›Aufrichtigkeit‹ Buchstabe für Buchstabe mit der Nasenspitze langsam und mit der vollen Aufmerksamkeit in die Luft und folgte dabei mit den Augen der Bewegung.

Danach machte sie das Gleiche mit den anderen Wörtern: ›liebevoller Umgang‹, ›Ehrlichkeit‹ und ›Achtung‹. So speicherte sie ein Wort nach dem anderen ganzheitlich ein und füllte sich so mit dem angenehmen Inhalt des neuen Koffers.

Das Dunkle von vorher war weg. Dafür war jetzt das Lichte, Angenehme in ihr. Sie fühlte sich wie neu. Sie war voller innerer Anteilnahme mitgegangen. So konnte diese Übung ihre heilsame Wirkung tun.

Diese Übung sieht einfach aus, und ist es auch einfach in der Durchführung. Ihre Wirkung ist bemerkenswert. Das bewusste Fühlen und Wahrnehmen der Wörter im ganzen Körper ist ein wesentlicher Teil der Übung. Während der Kopf und die Augen sich bewegen, kreuzt der Kopf immer wieder die Mittellinie zwischen der rechten und der linken Körperhälfte. Diese Bewegung optimiert die Zusammenarbeit der beiden Gehirnhälften. Gleichzeitig werden auf diese Weise die neuen Informationen in der rechten und in der linken Gehirnhälfte eingespeichert. Die unterschiedlichen Blickstellungen sprechen jeweils andere Areale im Gehirn an. Mit dem Blick zur Seite speichern wir die Information in das Hörgedächtnis ein, mit dem Blick nach oben in das Bildgedächtnis und mit dem Blick nach unten in das Bewegungsgedächtnis.

Die Bedeutung vom Fremdgehen

Sonjas zentrales Thema war das Fremdgehen ihres Mannes. Jeder weiß, was damit gemeint ist: Er geht mit einer anderen Frau ins Bett. Ich beleuchtete das Fremdgehen bei unserem nächsten Wiedersehen ausführlich:

»Das Wort ›Fremdgehen‹ bringt bemerkenswerte Einsichten, wenn wir es wortwörtlich nehmen. Es bedeutet, dass jemand fremd geht, in die Fremde geht. Dann ist Fremdgehen nicht nur auf das Sexuelle beschränkt. Geht nicht auch jemand fremd, der sich immer wieder neugierig oder wohlmeinend bei anderen Menschen einmischt und nicht bei sich bleibt?

Und wie ist es, wenn jemand andauernd in Gedanken ›woanders‹ ist? Er ist dann körperlich da. Mit seiner Aufmerksamkeit und mit seinen Gedanken geht er in die Fremde.

Es gibt noch ein weiteres Fremdgehen. Dies ist aus meiner Sicht das Traurigste: Wenn Menschen sich selbst verloren haben. Das kann passieren, wenn sie es allen ihren Mitmenschen Recht machen wollen und sie irgendwann in ihrer missverstandenen Selbstlosigkeit ihr Selbst verlieren. Von da an sind sie nicht mehr die Frau oder der Mann, die der Partner lieben gelernt hat. Sie sind nur noch eine Hülle von dem, was sie einmal waren. Die eigene Entfremdung erleben sie dann spiegelbildlich in dem Fremdgehen des Partners.«

Dann fragte ich Sonja: »Was macht das mit Ihnen, dass ich Fremdgehen so sehe?«

Sie antwortete: »Ich fühle mich stark angesprochen. Ich finde mich in vielen dieser Möglichkeiten wieder. Ich mache mir häufig Gedanken über andere Menschen, frage mich, was sie gerade machen und warum sie etwas machen. Das hat sich schon geändert, seit ich meine Sätze langsam spreche und mehrmals am Tag wiederhole. Doch neige ich schon noch dazu! Mich berührt der Gedanke, dass das etwas mit dem Fremdgehen meines Mannes zu tun haben kann.«

Nach einer Pause fragte sie: »Heißt das auch, dass ich mir nicht vorstellen darf, was mein Mann macht, wenn er zu der Nachbarin geht?«

»Das dürfen Sie sich schon vorstellen!«, antwortete ich ihr, »Achten Sie bitte darauf, ob Sie gleichzeitig bei sich bleiben und fühlen, wie es Ihnen dabei geht. Wenn Sie sich nur vorstellen, was die beiden gerade machen, dann schaden Sie sich damit. Sie bleiben dann nicht bei sich. Und mehr noch: Das, was Sie sich vorstellen, das stellen Sie vor sich und haben es danach vor sich. Sie möchten das doch lieber hinter sich bringen. Oder?«

»Ja sicher! Diese Wortspiele!«

Wir lachten beide. Wortspiele sind lustig und enthalten oftmals bemerkenswert viel Wahrheit. So können sie etwas ans Licht bringen, was vorher nicht so zu sehen war.

»Wenn Sie wollen, dass das Fremdgehen aufhört, dann hören Sie bitte auf, mit den Gedanken in die Fremde zu gehen. Bleiben Sie mit Ihren Gedanken da, wo Sie gerade körperlich sind. Wenn Sie mit Ihrem Mann zusammen sind, dann seien Sie auch in Gedanken mit ihm verbunden. Wenn er nicht da ist, dann befassen Sie sich bitte nicht mit dem, was er gerade macht oder machen könnte. Wenn Sie es tun, dann mischen Sie sich bei ihm ein, und das ist ja schon wieder Fremdgehen.

Und wenn Sie sich schon Gedanken um ihren Mann machen, dann machen Sie es auf eine neue Art und Weise: Machen Sie sich Geh-Danken. Gehen Sie danken und danken Sie für das, was ist. Es ist letztlich immer gut für uns, auch wenn wir es im Moment nicht oder noch nicht fassen können. Sagen Sie Ja zum Leben mit allem, was es bereithält! Das Leben wird Ihnen diese Einstellung danken!«

Das war ihr zu schwer. Sie sagte: »Das geht beim besten Willen noch nicht. Mir gelingt es schon viel besser, mit meinen Gedanken bei mir zu bleiben. Aber es ist mir nicht möglich, mit meinen Gedanken bei mir zu bleiben, wenn ich sehe, wie er ins Nachbarhaus hineinhuscht. Ich darf das nicht sehen müssen!«

Die Hand zum Frieden reichen

»Das kann ich gut mitfühlen. Wenn es Ihnen nicht möglich ist, die Einstellung zu ändern, dann ändern Sie die Umstände. Nehmen Sie sich eine Wohnung in der Nähe, von der aus Sie

Ihren Mann dabei nicht beobachten können! Sagen Sie ihm dann auch ehrlich, warum Sie sich die Wohnung nehmen. Das kann dann so klingen: ›Lieber Jakob, ich weiß, dass du immer wieder schnell zu unserer Nachbarin hineinhuschst und sie heimlich besuchst. Das ist deine freie Wahl. Und du bist frei zu tun, was du willst. Aus Liebe zu dir lasse ich dir diese freie Wahl. Aus Liebe zu mir will ich mir deine heimlichen Besuche bei der Nachbarin nicht mehr mit ansehen. Darum werde ich mir eine Wohnung in der Nähe mieten. Da ist auch Raum für dich, und die Türe steht dir offen!‹!«

Das, was jetzt war, war für beide unwürdig, für Sie und für ihn. Mit dem neuen Gedanken eröffneten sich neue Möglichkeiten!

Dieser Gedanke erschreckte Sonja zutiefst.

In zwei unruhigen, schlaflosen Nächten rang sich Sonja durch, sich eine eigene Wohnung zu nehmen. Sie begann damit, Wohnungen in Augenschein zu nehmen. Dann sprach sie ihren Mann in dem Sinn an, wie wir es besprochen hatten. Es gelang ihr, dies freundlich und achtsam zu tun, ohne Vorwurf. Dafür hatte sie diese Sätze oft vor dem Spiegel geübt!

Sonja hütete ihre Gedanken in den nächsten Tagen und Wochen mehr denn je. Sie sprach langsam, wenn sie mit sich selbst alleine war, und wiederholte mehrmals täglich ihre Sätze. So beobachtete sie ihre Sätze und merkte es, wenn sie mit ihren Gedanken abschweifte. Dann lenkte sie ihre Aufmerksamkeit wieder auf den Augenblick und auf das, womit sie gerade befasst war. Auf diese Weise lud sie das Fremdgehen bewusst aus ihrem Leben aus. Dieses aufmerksame Beobachten ihrer Sätze und Gedanken empfand sie nur am Anfang als anstrengend. Mit der Zeit wuchs ihre Aufmerksamkeit für ihr Denken und Sprechen. Es fand sich allmählich immer häufiger ein Zustand ein, den ich als ein Gewahrsein bezeichnen mag. Damit begann eine innere Ruhe. Nun konnte sie Frieden geben. Sie gab Frieden. Das klang anders als früher. Da war es eine ärgerliche Aufforderung an den anderen gewesen, endlich Frieden zu geben. Jetzt konnte sie mit einem freundlichen Lächeln die Hand zum Frieden reichen und Frieden geben.

Sich von dem Kostbarsten lösen

Sonja hatte in Gedanken den schmerzlichen Schritt getan und sich für den Auszug entschlossen. Oft müssen wir das, was wir in Gedanken geschafft haben, nicht mehr wirklich tun. Auf einer anderen Ebene ist es dann schon geschehen und wirkt genauso.

Und so war es auch hier. Das Wunder geschah: Das Blatt wendete sich. Ihrem Mann wurde bewusst, was für eine wertvolle und großzügige Frau er an seiner Seite hatte. Nun sah er sie mit neuen Augen. Er wachte auf.

Sie blieben da wohnen, wo sie vorher wohnten. Der Mann fand den Weg neu zu seiner Frau. Und zwei Jahre später wurde ihnen ein gesundes Kind geschenkt.

Sonja hatte es gewagt, sich gedanklich von dem zu lösen, was ihr am kostbarsten war. Das war wie Sterben mitten im Leben. Und das Leben wurde ihr mitten im Leben neu geschenkt. Jetzt lebt sie so richtig, in einer nie geahnten Harmonie mit sich selbst und mit den ihren.

Erfrischende Tipps

- Schauen Sie nach vorne und erleben Sie bewusst den Augenblick. Wer immer nur nach hinten sieht, der hat das Nachsehen.
- Nehmen Sie an, was ist und streben Sie eine Lösung an. Sich beschweren schafft Beschwerden.

- Hören Sie bewusst auf, am Partner zu hängen. Wer hängt, kann abgehängt werden. Sagen Sie statt ›ich hänge an jemandem oder etwas‹: ›Ich liebe jemanden oder etwas‹.
- Machen Sie sich frei von Erwartungshaltungen. Sie binden und blockieren.
- Danken macht frei: Danken Sie Ihren Eltern, dass sie Ihnen das Leben geschenkt haben.
- Entwickeln Sie Ihre eigene Stärke und hören Sie auf, andere zu bewundern.
- Wenden Sie den Koffertausch an und vergeben Sie.
- Speichern Sie neue Informationen ganzheitlich ein: Schreiben Sie Wörter mit der Nase in die Luft.
- Bleiben Sie in Gedanken bei sich und hören Sie auf, gedanklich fremd zu gehen.
- Strecken Sie die Hand aus und geben Sie Frieden.

7 Auch das Unmögliche kann möglich werden

Viele Probleme bei Simone

Simone hatte mich nach einem Vortrag angesprochen und um eine Beratung gebeten. Sie sah in ihrem Leben nur noch Probleme, fühlte sich völlig überfordert und in vielem allein gelassen. Sie war Mitte dreißig, verheiratet und Mutter von drei Töchtern. Die Kinder forderten ihre Eltern mehr als andere Kinder, und der Mann war kaum daheim. Freizeit und Erholung waren für sie und ihren Mann Fremdwörter.

Ich durfte Simone eineinhalb Jahre lang mit Beratungen und Seminaren begleiten.

»Ich schaffe das alles nicht mehr!«

Simone wirkte erschöpft und angespannt und schaute mich mit müden, hoffnungsvollen Augen an. Ihr kupferfarbenes Haar war gepflegt, hatte aber keinen Glanz. So war die ganze Frau: Eine aparte Schönheit, die sich gerne entfalten und aufblühen würde, wenn sie wüsste wie.

Sie begann: »Ich weiß gar nicht, wo ich anfangen soll. Mein ganzes Leben ist ein einziger Wirrwarr. Überall habe ich Probleme, Probleme und noch einmal Probleme. Mein ganzes Denken kreist nur noch um diese Probleme. Mein Mann arbeitet sehr viel. Manchmal habe ich den Eindruck, dass er der Unruhe daheim ausweicht und im Büro eher seine Ruhe findet. Nur hängt dann daheim alles allein an mir. So haben wir beide uns Partnerschaft nicht vorgestellt! Nun ist mein Vater gestorben und meine Mutter wird in unsere Nähe ziehen. Das muss ich auch noch alles vorbereiten. Und die Kinder brauchen mich sehr viel. Ich fühle mich auf der ganzen Linie überfordert!«

Mit einer verzweifelten Gebärde hob sie ihre Hände in die Luft und sagte dann weiter: »Ich schaffe das alles nicht mehr. Ich sehe nur noch Probleme. Und ich weiß mir keinen Ausweg. Es ist einfach schrecklich. Das ist alles so verzahnt miteinander. Ich weiß nicht, ob Sie mir helfen können. Ich hoffe es halt!« Sie schaute mich hilfesuchend an.

»Ich kann ihnen nicht helfen. Ich kann Ihnen zeigen, wie Sie sich selber helfen können. Und ich biete ihnen meine Begleitung an, wenn Sie das wollen.«

Erst einmal im Denken Klarheit schaffen

Simones Denken kreiste um die Probleme. Die Probleme waren der Mittelpunkt ihres Lebens geworden. Solange sie diesen Stellenwert hatten, waren sie für sie unentbehrlich. Jeder Mensch braucht einen Mittelpunkt. Darum sah ich es als ersten Schritt an, sie anzuleiten, mit sich selbst in Kontakt zu kommen und die Mitte wieder in sich selbst zu finden.

Wie bei den meisten Menschen begann ich auch bei ihr mit den Füllwörtern, mit dem Gebrauch von ›man‹ und mit den ›könnte‹-, ›sollte‹-, ›hätte‹- und ›würde‹-Sätzen, die alle miteinander die Aussagen schwammig machen. Das Schwammige erschwert es, sich selbst klar und eindeutig wahrzunehmen. Außerdem stört es die Kommunikation. Bevor Simone in ihrem Leben Klarheit schaffen konnte, musste sie erst einmal in ihrem Denken Klarheit schaffen.

Sie machte wunderbar mit. Und wunderbar heißt wirklich Wunder-bar. Die Nachsilbe ›-bar‹ hat ursprünglich die Bedeutung von ›tragend, bringend‹. Simone brachte mit der Zeit wahre Wunder hervor. Manchmal wunderte sie sich selbst.

Zwei Jahre später sagte sie mit einem herzlichen Lachen: »Ich wundere mich nicht mehr. Ich weiß jetzt einfach mehr vom Leben. Die Gedanken haben so viel Kraft. Und mir ist bewusst geworden, dass ich diese Kraft jederzeit einsetzen darf. Es ist einfach göttlich. Ja, dieses Wort passt!« Sie hatte bis dahin auch die dafür erforderliche Achtsamkeit entwickelt.

Den inneren Einklang wiederfinden

Doch noch stand sie ganz am Anfang dieser glücklichen Entwicklung. Sie fragte mich: »Und wie macht man das am besten, dass man diese Sätze mit ›würde‹, ›hätte‹ usw. mitbekommt? Gibt es da einen heißen Tipp?«

Ich gab ihr den Tipp, den gleichen Gedanken, den gleichen Satz zwei oder dreimal laut zu wiederholen. Ich beobachte, dass bereits dies den meisten Menschen nicht möglich ist. Sie sagen den Satz dann anders und lassen Füllwörter weg oder ändern die Stimmlage und die Mimik und Gestik. Das ist ihnen dabei nicht bewusst, denn sie wollen den Satz ja genau so wiederholen.

Mit diesem bewussten Wiederholen ist es möglich, den eigenen Gedanken auf die Spur zu kommen. Die meisten Menschen wissen nicht wirklich, was sie sagen und noch weniger, was sie denken. Wir können von ca. 4000 Gedanken pro Minute ausgehen. Diese Vielfalt der Gedanken kann niemand bewusst mitbekommen. Dennoch wirkt jeder Gedanke. Die Gedanken, die wir in Worte fassen, können wir am leichtesten fassen. Bei ihnen können wir am leichtesten ansetzen und von da aus damit beginnen, die Gedanken bewusst zu denken und zu lenken.

Am Anfang genügt es, die Aufmerksamkeit auf das bewusste Wiederholen der Sätze zu lenken und die Sätze mit dem

Wiederholen wieder zu holen. Es lohnt sich, sich dabei sprechen zu hören. Als Folge dieser kleinen, häufig wiederkehrenden Übung kommt jeder mit sich selbst und seinen Gedanken besser in Kontakt und spürt, wie schwammig und kraftlos all die ›würden‹-, ›könnte‹-, ›hätte‹- und ›sollte‹-Sätze und die Formulierungen mit den so weit verbreiteten Füllwörtern ›eigentlich‹, ›vielleicht‹, ›irgendwann‹, ›irgendwie‹ usw. sind.

Ich bat Simone, das Wiederholen mit einer kindlichen Neugier zu tun und sich dabei nicht zu bemühen. Wenn sie dann Füllwörter und Formulierungen mit ›könnte‹, ›hätte‹ usw. in einem ihrer Sätze bemerkt, dann kann sie danach den gleichen Satz neu bilden ohne diese Wörter und auch die Wirkung dieses neuen Satzes wahrnehmen. Dabei kann sie ausprobieren, mit welchem der beiden Sätze sie sich besser und kräftiger fühlt.

Ich leitete Simone am Anfang an, die Wirkung der Sprache zu spüren und die Wischi-Waschi-Sprache als größten Erfolgsverhinderer zu erkennen und danach bewusst zu wandeln. Es braucht etwas Zeit, bis die Wirkung der Sprache in ihrer ganzen Kraft bewusst wird. Doch wenn dies einmal geschehen ist, dann bleibt diese Erfahrung dauerhaft in Erinnerung. Später ging ich bei Simone weitere grundlegende Aspekte der Sprache und dann individuelle Feinheiten ihrer persönlichen Ausdrucksweise an. LINGVA ETERNA® ermöglicht ein ganz und gar individuelles Vorgehen.

Bewusst laut denken

Ich malte ihr das schöpferische Dreieck auf mit den drei Ecken für Körper, Seele und Geist und erklärte ihr, was ich damit sichtbar machen will: Körper, Seele und Geist gehören zusammen. Das Ziel ist es, sie auch im praktischen Leben wieder in

Einklang zu bringen. Dann wirken alle drei Kräfte in der gleichen Richtung und haben damit eine starke Wirkung. Die Wirklichkeit sieht bei den meisten Menschen im Allgemeinen anders aus. Ihre Gedanken eilen zeitlich voraus oder in die Vergangenheit oder räumlich an einen anderen Ort zu einer anderen Person oder Angelegenheit.

LINGVA ETERNA® hilft dabei, die Gedanken und Gefühle achtsam und liebevoll an den Zügel zu nehmen und auf diesem Weg Körper, Seele und Geist in Einklang zu bringen. So werden Denken und Sprechen, Fühlen und Handeln wieder eins. Bei Kindern ist es noch so. Sie tun das, was sie sagen und was ihr Herz sie zu tun aufruft. Sie sagen das, was sie fühlen und was sie tun. Und sie fühlen das, was sie sagen und tun. Sie sind mit dem Herzen bei ihrem Tun, oder sie lassen es sein. Wir Erwachsenen haben dies weitgehend verlernt und dürfen es wieder schrittweise lernen, wie die Kinder in dieser Einheit von Körper, Seele und Geist zu leben.

Wörter benennen eine konkrete Sache. In ihnen schwingen Emotionen und Gefühle mit, und sie transportieren einen Gedanken. So kommen in jedem Wort Körper, Seele und Geist zum Ausdruck. Wörter machen daher sichtbar, was in uns ist, und ebenso ermöglicht eine neue, bewusste Ausdrucksweise eine innere Korrektur. So schrieb ich in die Mitte des Schöpfungsdreieckes in großen Buchstaben WORT. Mit jedem bewusst gedachten, gefühlten und als Handlung erlebtem Wort befinden wir uns in dem Schöpfungsdreieck. Damit sind wir in Einklang mit uns selbst. Der nächste Schritt ist dann, mit den Herausforderungen des Lebens zu schwingen und aus der eigenen Mitte das jeweils Erforderliche zu tun.

Die Voraussetzung dafür ist das Leben in der eigenen Mitte. Das bewusste laute Sprechen und Wiederholen der Sätze führt in die eigene Mitte und bringt Körper, Seele und Geist in Einklang.

Auf diese Weise können bemerkenswerte Erkenntnisse ins Bewusstsein dringen. Ich prophezeite Simone Überraschungen beim bewussten langsamen Sprechen und Wiederholen ihrer Sätze.

So kam es dann auch. Beim nächsten Mal erzählte sie mir, wie erschrocken sie war, als sie ein inneres Sabotageprogramm aufspürte.

Sie hatte sich bis zu diesem Augenblick der Erkenntnis mit ihren inneren Dialogen herunter gezogen. Sie beobachtete, wie sie immer und immer wieder dachte und auch intensiv fühlte: »Mir ist eh nicht zu helfen. Das wird ja doch wieder nichts. Bei uns ist sowieso immer alles schwierig.«

Da sie nun wusste, dass Wörter Bestellkarten ans Universum sind, wunderte sie sich nicht mehr: Sie hatte sich diese desolaten Situationen mit ihrem Denken und Fühlen immer wieder selbst geschaffen!

Nun konnte sie etwas wandeln. Mit der Sprache hatte sie einen Schlüssel in der Hand. Sie nahm dann bewusst ihre Gedanken an den Zügel. Sie erlaubte ihnen nicht mehr, in eine x-beliebige Richtung davon zu jagen. Sie stoppte sie, wenn sie sich selbständig machten und gebot ihnen die Denkrichtung und auch das Tempo. Sie wiederholte mehrmals am Tage ihre Sätze und sagte und fühlte, was sie tat. Anfangs kam sie sich dabei komisch vor. Sie traute es sich aber doch, wenn sie alleine oder nur mit den Kindern zusammen war. Die Kinder machten dann auch manchmal mit, und auch ihnen tat es gut.

Auch den Gefühlen Aufmerksamkeit schenken

So übte sie fleißig. Es ging viel leichter, als sie es sich in ihren Vorstellungen ausgemalt hatte. Während sie putzte sagte sie: »Ich putze ein Fenster. – Ich putze ein Fenster«. Und wenn das Fenster fertig war, dann sagte sie das, was sie als nächstes tat: »Ich gehe ins Bad. Ich gehe ins Bad«, solange bis die dort war. Sie sagte und tat nicht nur, was sie sagte. Sie fühlte es auch: Sie fühlte den Schwamm in ihrer Hand und danach das Tuch zum Trocknen, sie spürte die Bewegung des Laufens in ihren Füßen und in ihrem ganzen Körper. Sie schenkte dabei auch mehr und mehr ihren Gefühlen Aufmerksamkeit. Sie fühlte bewusst ihre Lust oder Unlust bei ihrem Tun. Sie war bereit, jegliches Gefühl wahrzunehmen. Sie drängte keines davon zur Seite. Sie nahm sie alle wahr und lernte sich besser kennen. So brachte sie bewusst Körper, Seele und Geist in Einklang.

Sie bündelte ihre Aufmerksamkeit auf den Augenblick, auf das, wo ihre Augen gerade hinblickten. Auf diese Weise entwickelte sie eine bemerkenswerte Schaffenskraft. Sie empfand sie nun wie einen gebündelten Lichtstrahl mit einem klaren Fokus statt Streulicht aus der kleinen Taschenlampe.

Etwas für sich tun!

Seit der Geburt der Kinder hatte Simone nur für die Familie gelebt. Dafür hatte sie auch das Tanzen aufgegeben. Sie konnte ihrer Familie auf Dauer aber nur Liebe und Aufmerksamkeit geben, wenn sie auch selbst eine Möglichkeit hatte, wieder aufzutanken. Sie sagte: »Ich opfere mich für meine Familie auf.« Und sie fühlte sich auch so.

Ich sagte ihr: »Indem Sie sich als Opfer Ihrer Familie sehen, machen Sie aus Ihren Familienangehörigen Täter.« So hatte sie das noch nicht gesehen. Sie war etwas erschrocken. Nein, das wollte sie bestimmt nicht.

Dann erklärte ich ihr weiter: »Nächstenliebe heißt: Liebe deinen Nächsten wie dich selbst. Solange Sie das Gefühl haben, dass Sie zu kurz kommen, stimmt es so nicht. Machen Sie wieder etwas für sich! Was machen Sie denn gern?«

»Ach«, sagte sie, »ich würde gerne einmal wieder in Ruhe ein Buch lesen und ich würde so gerne Salsa tanzen, einmal in der Woche! Hm, ja das wäre schön!« Bei dieser Idee begannen ihre Augen zu leuchten.

»Dann tanzen Sie doch Salsa! Wissen Sie, wo Sie Salsa tanzen können?« ermunterte ich Sie.

»Nein, das ist nur so ein Traum!«

»Dann lassen Sie diesen Traum wahr werden! Jetzt bitte ich Sie um etwas. Erkundigen Sie sich, wo Sie Salsa tanzen können und gehen Sie hin, noch diese Woche! Tun Sie es einfach!«

Ihre Augen leuchteten noch mehr: »Das ist eine tolle Idee!« Sie lachte und schlug sich begeistert auf die Oberschenkel. »Das wär's!« Dann schaltete sich der Verstand ein und brachte vielerlei Bedenken hervor. Und schon war das Leuchten ausgelöscht. Ihre größte Sorge galt den Reaktionen der Nachbarn, der weiteren Familie und vor allem ihres Mannes: »Aber was denken denn die Leute? Und Patrick erst! Der wird denken, ich spinne! Ich bin doch eine anständige Frau! Das kann ich meinem Alter doch nicht bringen! Da habe ich richtig ein bisschen Angst!«

So ist das, wenn der Verstand uns die Lebensfreude nimmt!

»Denken Sie nicht zu viel. Sie werden schon hören oder merken, was die anderen denken. Das können Sie auch nicht ändern. Sie tun ja niemandem weh, wenn Sie Salsa tanzen! Haben Sie wieder Spaß und leben Sie wieder, so richtig lebendig! Sie dürfen Spaß haben! Von dieser Freude werden Sie eine ganze Woche zehren! Damit tun Sie sich selbst etwas Gutes und damit letztlich auch Ihrem Mann und Ihren Kindern. Ihre wieder erwachende Lebensfreude wird sie anstecken!«

Simone lachte vergnügt und sagte: »Sie sind gut! Das ist wirklich eine Super-Idee!« Dabei strahlte sie über das ganze Gesicht.

»Beschaffen Sie sich das Programm am besten gleich heute oder morgen und melden sich an. Dann haben Sie den Anfang gemacht, noch bevor der Verstand Ihnen wieder in die Quere kommt!«

Den Fehde-Handschuh liegen lassen

Drei Wochen später kam Simone das erste Mal zu einem Seminar.

Sie kam strahlend herein und brachte einen wunderschönen Blumenstrauß aus ihrem Garten mit: »Ich bringe Ihnen diesen Blumenstrauß aus unserem Garten mit. Ich habe mich so auf den heutigen Tag gefreut! Es geht mir so sehr viel besser, seit ich auf meine Sprache achte! Da ist wirklich Land in Sicht. Vielen, vielen Dank! Mir geht es supergut!« Damit überreichte sie ihn mir.

Ich schaute ihr in die Augen. Sie war wie gewandelt. Sie war ganz offensichtlich dabei, sich selbst zu finden! Sie hatte einen großen Schritt getan. Sie war gut bei sich und war sich ihrer selbst bewusst geworden. Damit war ihr Selbstbewusstsein erheblich gewachsen. Das strahlte sie auch aus. Ich freute mich mit ihr. Dann fragte ich sie, ob sie schon einmal Salsa tanzen war.

Simone sagte, dass sie sich gleich am nächsten Tag erkundigt und ein Programm geholt hat. Nur war sie noch nicht Salsa tanzen gegangen. Sie hatte in dieser Zeit ihr Augenmerk auf ihre Sprache gelenkt und einige Anregungen beachtet, die sie mitgenommen hatte. Schon das hatte ihr viel Erleichterung gebracht. Mit den Kindern kam sie spürbar leichter klar. Sie hörten einfach besser hin und machten besser mit. Und auch mit dem Mann gab es weniger Sticheleien. Sie sagte, dass sie es manchmal gar nicht glauben kann, dass alles wirklich spürbar leichter und auch wieder fröhlicher geworden ist. Dennoch weiß sie, dass es so ist.

»Und warum sind Sie noch nicht Salsa tanzen gegangen?«

»Ich habe mich noch nicht getraut. Ich muss meinem Mann ja sagen, wo ich hingehe, und davor habe ich Angst! Ich mache das, wenn er eine Dienstreise macht. Dann kann er das auch in der Familie nicht herum erzählen. Ich will nicht, dass sie über mich reden!«

»Da verlangen Sie viel von Ihren Mitmenschen. Jeder hat das Recht, etwas zu sagen. Und es ist Ihre Sache, wie Sie mit deren Bemerkungen umgehen. Wir können niemandem den Mund verbieten. Das steht uns einfach nicht zu. Wenn Sie immer nur dann Salsa tanzen, wenn Ihr Mann eine Dienstreise macht, dann machen Sie sich und Ihre Lebensfreude abhängig von ihm und seinem Dienstplan. So werden Sie kaum einmal wöchentlich in den Genuss des Salsa Tanzens kommen!«

»Wie reagieren Sie denn bis jetzt, wenn jemand eine Bemerkung macht?«

Sie sagte: »Entweder mache ich auch eine spitze Bemerkung oder ich versuche, sie zu ignorieren. Dann ärgere ich mich aber noch die längste Zeit deswegen.«

»Das kostet Sie viel Kraft, das eine ebenso wie das andere. Ich sage immer, weder Schlucken noch Spucken bringt uns an das erwünschte Ziel. Es gibt noch einen Weg: Achten Sie die Menschen, egal was sie sagen. Schenken Sie ihnen wohlwollende Beachtung. Grüßen Sie freundlich, winken Sie ihnen und schauen Sie ihnen dabei erhobenen Hauptes ins Gesicht! Das geht, wenn Sie bei sich bleiben, wenn Sie mit sich in Kontakt bleiben. Fühlen Sie sich, wie Sie sie ansehen, fühlen Sie ihre Unsicherheit oder Aufregung oder was immer Sie wahrnehmen. Bleiben Sie mit sich in Kontakt. Dann sind Sie immer in Sicherheit. Ein Mensch, der mit sich und seinem Inneren in

Kontakt ist, ist immer in Sicherheit und strahlt diese Sicherheit auch aus.«

»Das ist ein guter Tipp«, meinte sie, »noch schlimmer sind aber Vorwürfe. Und die befürchte ich sehr von meinem Mann! Er findet das bestimmt absolut ungeheuerlich. Er wird mit Sicherheit sagen, dass ich mich lieber um unsere Kinder und den Haushalt kümmern soll als so verrücktes Zeug zu machen. Haben Sie dafür auch eine Idee?«

»Nehmen Sie Vorwürfe einfach nicht an. Sie können Sie auch gleichsam liegen lassen. Wenn jemand einen Vorwurf macht, dann wirft er ihnen den Fehdehandschuh vor die Füße. Es ist Ihre Wahl, ob Sie den Fehde-Handschuh aufgreifen oder liegen lassen.«

Um meine Darstellung deutlich zu machen, nahm ich ein Päckchen Papier-Taschentücher und machte ihr einen Vorwurf. Ich warf sie ihr vor die Füße und sagte dazu: »Wie kommst du dazu, jede Woche Salsa zu tanzen und mich mit den Kindern allein zu lassen? Hast du denn den Verstand verloren? Bleibe lieber daheim und mache etwas Vernünftiges!«

Simone hob als erstes die Taschentücher auf, hielt sie fest in der Hand und sagte: »Genau so! Das regt mich vielleicht auf! Warum soll ich denn nicht ausgehen dürfen?«

»Lassen Sie Ihren Mann. Er darf so denken, wie er will. Das Recht hat er. – Sie können etwas ändern! Warum nehmen Sie den Vorwurf an? Lassen Sie die Taschentücher liegen oder heben Sie sie auf und legen sie zur Seite. Indem Sie das Päckchen aufheben, schicken Sie sich schon an, sie mir wieder zurück zu werfen, auch wieder mit einer bissigen Bemerkung oder einer Rechtfertigung. Sie haben das Recht, auszugehen und Salsa zu tanzen. Sie werden ja nicht täglich ausgehen! Sie werden schon das rechte Maß finden!

Es ist Ihre Sache, was Sie tun. Sie brauchen sich nicht zu rechtfertigen. Rechtfertigen heißt wortwörtlich: Sein Recht fertig machen. Wenn Sie doch schon Recht haben, dann haben Sie es doch! Sie brauchen es nicht fertig zu machen.

Machen wir das Gleiche noch einmal, und Sie lassen die Taschentücher dieses Mal neben sich liegen. Atmen Sie bewusst und nehmen mit der Atmung mit sich selbst Kontakt auf. Und schon sind Sie in Sicherheit. Dann, nach diesem Atemzug, können Sie sagen: ›Das Tanzen macht mir richtig Spaß, und es tut mir gut!‹ Gehen Sie weiterhin einmal in der Woche Salsa tanzen und tanken Sie dabei auf.« Wir probierten das in der Gruppe aus, einmal gespielt als Situation mit ihrem Mann und ein anderes Mal mit einer Nachbarin. Damit fühlte sie sich gut vorbereitet für ihren ersten Salsa-Abend.

Die Übung mit den Taschentüchern half ihr auch für andere Situationen. Denn sie hatte bis dahin viel Vorwurf erlebt und sah nun eine Möglichkeit, anders mit Vorwürfen umzugehen.

Auf seine innere Stimme hören

Simone ging am Tag nach diesem Seminar Salsa tanzen und rief mich nach zwei Wochen glücklich und beflügelt an: »Salsa-Tanzen ist wunderschön! Es tut mir so gut! Ich habe keine Angst mehr, dass Patrick mir einen Vorwurf macht. Es ist viel leichter als ich dachte! Das ist unglaublich! Es ist natürlich eine Herausforderung für ihn. Aber er wird sich daran gewöhnen! Wichtig ist, dass ich hinter meinen Bedürfnissen stehe. Dann geht es ganz leicht! Ich freue mich schon jetzt morgens beim Aufstehen auf das nächste Mal.

Patrick war vor dem ersten Abend mehr als skeptisch. Danach hat er gemerkt, wie gut es mir tat. Beim zweiten Mal war er schon offener. Er hat mich fast schon ermuntert, Salsa zu tanzen. Abends, als ich wegging, stand er in der offenen Haustür und schaute mir bewundernd und fast ein wenig neidisch nach, wie ich ins Auto stieg und losfuhr. Er winkte mir sogar nach! Das hätte ich nie gedacht! Ja, ich lache jetzt wieder. Und das freut Patrick auch. Damit geht es uns beiden besser als vorher.«

»Und machen die Nachbarn oder Familienmitglieder Bemerkungen?« fragte ich sie. »Nein. Komischerweise fast gar nicht, höchstens nette Bemerkungen. Und die dürfen sie ja machen!«

»Wissen Sie, warum das so ist?«

»Ja, weil ich keine Angst mehr vor ihren Bemerkungen habe!«

»Genau so ist es. Sie ziehen immer das an, wovor Sie Angst haben! Und ebenso ziehen Sie mit Freude Glück an!«

Statt zu grübeln auf die innere Stimme hören

»Sie hatten sich so viele Gedanken gemacht, ob Sie als gestandene Frau aus der Norm fallen und Salsa tanzen dürfen. Und jetzt haben Sie so viel Freude daran! Hören Sie auf, sich einen Kopf darum zu machen. Hören Sie auf zu hirnen. Das ist ein Missbrauch Ihres Gehirns. Es ist nicht zum Grübeln da. Beim Grübeln graben Sie nur Ihrer Lebensfreude ein Grab. Hören Sie lieber auf Ihre innere Stimme und folgen ihr! Dann laufen Sie Ihrem Glück in die Arme! Das Leben meint es gut mit Ihnen!«

Simone lachte: »Wenn das so einfach ist, dann ist das ja ganz toll! Das mit dem Hirnen ist ein heißer Ausdruck. Der macht es mir leicht, das viele Nachdenken und Grübeln sein zu lassen. Ich denke nämlich, dass ich mir oft Gedanken mache, über alles Mögliche, über Gott und die Welt. Ich komme dabei auch manchmal ins Grübeln. Davon werde ich aber nicht glücklicher. Und beim Salsa Tanzen denke ich am allerwenigsten, da bin ich einfach im Augenblick, ich freue mich und BIN!«

Sobald ein Mensch aufhört, seine Welt nur mit dem Verstand begreifen zu wollen, eröffnen sich ihm neue Lebensräume und Lebensträume. Simone hatte diese wertvolle Erkenntnis gewonnen, indem sie der Stimme ihres Herzens folgte. Jetzt konnte sie es glauben, dass es tatsächlich so ist. Kein Buch hätte ihr dieses Wissen geben können. Ich freute mich mit ihr.

Ich gab ihr die Anregung, weniger zu denken und sich damit mehr auf das ganzheitliche Erfassen und auf das Leben in seiner Fülle einzulassen. Dabei setzte ich wieder an der Sprache an. Mit dem Wort ›denken‹ und auch mit dem Wort ›überlegen‹ sprechen wir einseitig nur den Verstand an. Es ist wirklich lohnend, im eigenen Sprachgebrauch auf diese beiden Wörter und ihre Zusammensetzungen zu achten. Vielfach sprechen Menschen nur aus Gewohnheit vom Denken, selbst wenn sie in Wirklichkeit etwas anderes meinen. Dabei engt das Wort ›denken‹ unser Potential ein.

Wir probierten miteinander die Wirkung dieser Wörter aus. Wir sagten sie mehrfach halblaut und fühlten ihren emotionalen Gehalt. Am Anfang kamen sie Simone ganz normal vor, weil sie es so gewohnt war. Simone hatte das Wort ›denken‹ häufig in ihrer Sprache, so auch in dem Satz: »Ich denke, dass ich mir viele Gedanken mache ...«. Sie hatte ›denken‹ sogar als Floskel. Wenn sie auf eine Frage keine klare Antwort geben wollte, dann ließ sie sich eine Hintertüre offen mit einem ›ich denke schon‹ oder ›ich denke nicht‹. Diese Wendungen wurden ihr erst bewusst, als wir länger davon sprachen und Wortproben durchführten. Danach probierten wir das gleiche mit ›meinen‹, ›glauben‹ und ›empfinden‹. Simone konnte deutlich fühlen, dass ›denken‹ und ›überlegen‹ kopflastig sind.

Ich gab Simone die Empfehlung, in der nächsten Zeit auf den Gebrauch von ›denken‹ und ›überlegen‹ und auf Zusammensetzungen mit diesen beiden Wörtern zu achten. Ich nannte ihr einige, die mir spontan in den Sinn kamen: ›nachdenken über etwas‹, ›hindenken‹, ›jemandem etwas verdenken‹, ›etwas zerdenken‹, ›etwas durchdenken‹, ›bedenken‹, ›Bedenken haben‹, ›bedenklich‹, ›sich Gedanken machen‹, ›gedankenlos‹, ›gedankenverloren‹, ›denkbar‹, ›Überlegungen anstellen‹ und ›sich etwas überlegen‹. Wir hätten noch viele weitere Redewendungen und Zusammensetzungen mit diesen beiden Wörtern ›denken‹ und ›überlegen‹ finden können, wenn wir dies gewollt hätten. Die meisten dieser Wörter lassen sich durch klarere Formulierungen ersetzen und bekommen dann auch eine klare Aussagekraft.

»Machen Sie sich bewusst, dass Sie jedes Mal, wenn Sie ›denken‹ oder ›überlegen‹ sagen, nur Ihre linke Gehirnhälfte ansprechen und von der rechten Gehirnhälfte und der Intuition nichts wissen wollen. Und wenn Sie ›nachdenken‹ sagen, dann denken Sie und sind gleichzeitig in der Vergangenheit. Das Leben ist jedoch nicht in der Vergangenheit. Es ist immer jetzt, in diesem Augenblick.

Dieses Bewusstmachen ist der erste Schritt. Danach kommt der zweite Schritt: Sie ersetzen gezielt einengende Formulierungen durch neue Formulierungen, die Ihnen eine Entfaltung Ihres Potentials erleichtern.«

Simone baute sich in den nächsten Tagen und Wochen einen echten Wortschatz auf. Häufig konnte sie ›denken‹ durch ›meinen‹, ›glauben‹ oder ›empfinden‹ ersetzen. Mit ›meinen‹ spricht sie ihr ganzes Selbst an, ihr Herz, ihren Verstand und ihren Bauch und nicht nur die linke Gehirnhälfte. Damit erlaubt sie sich den Zugang zu mehr Wissen als nur dem Kopfwissen. Hier führt die innere Stimme, und es ereignen sich Zufälle und Fügungen. Statt ›Ich denke schon!‹ sagt sie jetzt: ›Ich meine schon!‹

Manchmal ersetzt sie ›denken‹ durch ›glauben‹. Glauben hat eine andere Nuance. Hier kommt der Glaube in die Sprache und damit ein spiritueller Aspekt. Eine weitere Möglichkeit, ›denken‹ zu ersetzen, ist ›empfinden‹ oder auch ›sehen‹. In dem Satz: ›Wie denkst du darüber?‹ kann das Wort ›denken‹ leicht durch eine andere Formulierung ersetzt werden: ›Wie empfindest du das?‹ oder ›Wie siehst du das?‹

Die Gespräche nehmen je nach der Wortwahl eine unterschiedliche Entwicklung. ›Denken‹ fordert mehr zur Diskussion heraus und die beiden anderen Formulierungen mehr zu einem Meinungsaustausch, bei dem jeder bereit ist, auch einmal den Blickwinkel des Gesprächspartners einzunehmen.

Wenn es um Denken geht, dann soll auch von Denken die Rede sein. Denken ist wertvoll. Doch darf das Denken nicht zu einseitig werden und das Übergewicht bekommen. Sonst können sich andere Fähigkeiten nicht ausreichend entfalten.

Darum empfehle ich meinen Kursteilnehmern, den Kopf mit seinem Denken eine Zeitlang bewusst weniger zu beachten und sich dafür anderem, noch wenig genutztem Potential zu öffnen. Eine bewusste Wortwahl hilft dabei. So kann sich jeder Ressourcen erschließen, die aus Unkenntnis nur wenige so bewusst einsetzen

Die Wirkung der neuen Formulierungen zeigt sich in einem besseren Gespür für Gefühle und Stimmungen und in einem besseren Kontakt mit den eigenen Bedürfnissen und Empfindungen. Damit steigt auch die emotionale Intelligenz.

Wenn das erreicht ist, dann darf der Kopf wieder mitmachen. Kopf und Herz können auf diese Weise wieder zusammen finden. Das sehe ich als eine der größten Not-Wendigkeiten unserer Zeit an. Bei den meisten Menschen sind Herz und Verstand nicht in Einklang. Das erklärt auch, warum so viele Menschen herzkrank sind. Wir müssen, um als Menschheit weiter bestehen zu können, wieder menschlich werden. Das geht nur, wenn das Herz wieder aufgeht. Wir kommen um das Herz nicht herum, auch nicht mit einem Bypass oder einem Herzschrittmacher.

Mit dem bewussten Fühlen der Wörter kommen Denken und Fühlen in Einklang. Kopf und Herz sprechen dann wieder die gleiche Sprache. So kann es keine Missverständnisse mehr geben als Folge von nicht erkannten Doppelbotschaften. Daraus entstehen Harmonie und Frieden mit sich selbst und danach als Folge davon die Harmonie und der Frieden mit dem Umfeld. Das Wiederherstellen dieses Einklangs von Denken und Fühlen, von Herz und Verstand ist ein zentrales Anliegen bei LINGVA ETERNA®.

In sich selbst ruhen

Beim nächsten Seminar kam Simone aufrecht und mit einem strahlenden Lächeln herein. Sie hatte eine neue Frisur, die ihr ausgezeichnet stand, und trug einen flotten Hut. Ein zartes Lipgloss schmückte ihren schönen Mund, der von einem charmanten Lächeln umspielt war. Sie war eine neue Frau. Ihre Schönheit kam viel besser zur Geltung.

Um den Hals trug sie eine auffallende Kette mit einem großen Herz aus einem strahlend blauen Stein, einem Lapislazuli.

Sie sagte: »Mir war danach, mir die Kette und den Hut zu kaufen. Und da habe ich es auch getan. Diese Kette, die wollte einfach zu mir. Dann habe ich sie auch mitgenommen. Ich fühle viel deutlicher als früher, was mir gut tut, ich achte einfach darauf. Und dann tue ich das, was mein Gefühl mir sagt.

Früher habe ich jedes Mal meinen Mann gefragt, ob er mit dem Kauf einverstanden ist.

Ich hatte meine innere Stimme auch gehört, habe sie aber fast immer unterdrückt. Ich hatte immer eine Ausrede, warum ich ihr nicht folgte. Jetzt traue ich mich und fühle mich, mich selbst, gut dabei.

Mir hilft das Bild mit dem schöpferischen Dreieck, und ich erinnere mich oft daran: Ich fühle, was ich denke, und ich denke, was ich fühle. Ich fühle, was ich tue, und ich tue, wonach mir ist. Und ich sage, was ich fühle und ich fühle, was ich sage. Ich bin jetzt so gut in mir! Das ist eine wahre Freude!

Patrick merkt sehr deutlich, dass sich bei mir etwas wandelt. Jetzt hat er nichts mehr dagegen, dass ich zu Ihnen komme. Am Anfang war ihm das alles doch etwas unheimlich. Jetzt interessiert er sich sogar für die Seminare und fragt sogar, wann ich wieder an einem teilnehmen will. Er wird auch etwas lockerer, ein bisschen wenigstens. Jeder hat eben sein Tempo! Er findet meine Kette übrigens auch schön, und den Hut auch. Ich fühle mich bestens in meinem neuen Outfit!« Glücklich drehte sie sich einmal im Kreis herum. Sie sah einfach entzückend aus.

Seines Glückes Schmied sein

Dann sprudelte sie weiter: »Bei mir häufen sich die Zufälle. Ich habe doch aufgehört zu denken oder besser zu hirnen. Ich überlege auch nicht mehr. Mir ist bewusst geworden, dass ich mir mein Leben damit wirklich schwer mache und dass ich mich von der Kraft des Universums teilweise abschneide.

Seit ich bewusst nicht mehr nur die linke Gehirnhälfte anspreche, sondern alle Teile meines Selbst, kommt meine Welt wunderbar in Bewegung. Es wird auf einmal sooo leicht!

Ich erzähle Ihnen noch mehr: Ich habe in die Zeitung eine Wohnungs-Annonce gesetzt für den Umzug meiner Mutter. Uns wurde schon am Tag des Erscheinens die optimale Wohnung angeboten, gleich zwei Straßen weiter. Da ist jeder für sich, und doch sind wir nahe bei einander. Die Wohnung entspricht bis hin zur Farbe der Einbauküche den Wunschvorstellungen meiner Mutter. Auch der Preis stimmt. Das ist traumhaft! Und der Termin für den Beginn der Miete ist optimal. Das Haus, in dem meine Eltern miteinander gewohnt hatten, haben wir ganz leicht verkaufen können. Alles geht auf einmal so leicht, und ich hatte mir doch so viel Gedanken darum gemacht! Das Glück ist mir auf den Fersen, seit ich Salsa tanze!«

Simone hat erlebt, dass die innere Sammlung und die Bereitschaft, sich auf mehr als nur das Denken einzulassen, köstliche Früchte bringen. Sie hat am eigenen Leib erfahren, dass sie ihres eigenen Glückes Schmied ist.

Je mehr Glück ein Mensch fühlt, desto mehr Glück zieht er an. Je lustvoller er sich mit seinen Zielen und Träumen beschäftigt, desto mehr zieht er sie an. Viele Menschen befassen sich intensiv mit ihren Zielen und verbeißen sich dabei in die Ziele. So kommen sie bestimmt nicht weiter. Eher beißen sie sich die Zähne aus. Schon in der Bibel steht eine Anleitung zum Mentaltraining: Bittet, als ob ihr es schon hättet, dann wird euch gegeben. Das ›als ob ihr's hättet‹ schließt doch die Freude mit ein und nicht die Sehnsucht!

Bei Simone fügt sich vieles ganz leicht. Sie hat gelernt, sich hineinzuschwingen ins Leben. Dabei nimmt sie von Herzen gerne Fügungen an und empfindet viel Dankbarkeit. Sie zwingt nichts mehr. Wenn etwas nicht so kommt, wie sie es gerne möchte, dann nimmt sie es auch an. Das Leben ist so, und sie sagt ja zum Leben. Sie ist bewusst ihres Glückes Schmied und wendet ihr Wissen an.

»Ich weiß, dass alle Begrenzungen nur in meinem Denken sind. Alles, wirklich alles ist möglich, wenn ich daran glaube. Ich darf dabei aber nicht fordernd werden, sondern muss mich von meiner inneren Stimme führen lassen. Das ist sowieso das Beste, was mir passieren kann!«

Ich fragte sie nach ihrem Mann. Sie antwortete mir: »Dem geht es gut. Es ist alles sehr viel leichter und lebendiger geworden. Er lässt mich meinen Weg gehen, und dafür bin ich ihm von Herzen dankbar. Und er geht seinen Weg, und ich lasse ihn so sein, wie er ist. Wir sind sehr unterschiedliche Menschen. Er hat eher feste Vorstellungen von vielen Dingen und rückt nicht so schnell davon ab. Manchmal ist das sehr gut für mich. So ist er der Ausgleich für meine Leichtigkeit.

Wir sind füreinander da und können uns aufeinander verlassen. Jeder ist mit sich und seinem Umfeld im Reinen. Wir schwingen miteinander, wenn es für uns passt. Ansonsten darf jeder seine eigenen Wege gehen. Das ist eine sehr lebendige Partnerschaft. So sind wir miteinander glücklich. Es ist sehr schön geworden!

Harmonie hat für mich einen neuen Klang bekommen. Früher mussten alle in der Familie das Gleiche wollen und am liebsten auch noch das Gleiche gemeinsam tun, damit ich das Gefühl von Harmonie hatte. Jetzt habe ich Harmonie mit mir selbst. Ich kann gut damit leben, dass jeder auch seine eigenen Interessen hat und lebt. Jetzt machen wir vieles gemeinsam, wenn wir es wollen. Das ist dann sehr viel schöner als früher. Diese innere Freiheit tut uns allen gut. Und ich freue mich, dass ich sie ins Haus gebracht habe!«

Erfrischende Tipps

- Streichen Sie die Füllwörter und machen Sie klare Aussagen.
- Erkennen Sie, was Sie wirklich sagen: Wiederholen Sie immer wieder einige Sätze mehrmals langsam.
- Beenden Sie den Vorwurf: Legen Sie das Vorgeworfene beiseite.
- Erkennen Sie, dass Rechtfertigung sinnlos ist. Jeder hat aus seinem Blickwinkel Recht.
- Kommen Sie mit sich in Einklang: Das schöpferische Dreieck Körper – Seele – Geist hilft dabei.
- Folgen Sie der Stimme Ihres Herzens: zum Beispiel Salsa tanzen.
- Geben Sie die Begrenzung auf die linke Gehirnhälfte auf: Sagen Sie statt ›denken‹ und ›überlegen‹: ›meinen‹, ›empfinden‹ oder ›glauben‹.
- Eignen Sie sich einen kraftvollen Satz an: ›Es wird sich fügen!‹

Kontaktadresse

LINGVA ETERNA Institut für Pädagogik und Bewusste Sprache
Dipl. Phil. Mechthild R. v. Scheurl-Defersdorf
Anderlohrstraße 42a, 91054 Erlangen
Tel. 09131-571 61, Fax 09131-571 06
E-Mail: info@LINGVA-ETERNA.de

Nähere Informationen finden Sie im Internet.
www.LINGVA-ETERNA.de

Mechthild R. von Scheurl-Defersdorf führt beim Verlag Herder den Autorennamen Roswitha Defersdorf.

LINGVA ETERNA® Vorträge und Seminare

Seminare
Basiszertifikat
Seminare Mission – Vision
Ausbildung zum Dozenten
Inhouse-Seminare
Vorträge

Es besteht auch die Möglichkeit für Coachings.

In Würzburg arbeiten wir im Rahmen der Kursreihe für Menschen in beruflicher Verantwortung regelmäßig im Haus Benedikt, dem Stadtkloster der Abtei Münsterschwarzach, mit Pater Dr. Anselm Grün zusammen.

Unsere Dozenten finden Sie über das LINGVA ETERNA Institut oder auf unserer Internetseite.

Literatur zu LINGVA ETERNA®

Bücher:

Roswitha Defersdorf, In der Sprache liegt die Kraft. Klar reden, besser leben; Herder Verlag Freiburg, ISBN 978-3-451-29807-3

Roswitha Defersdorf, Deutlich reden, wirksam handeln. Kindern zeigen, wie leben geht; Herder Verlag Freiburg, ISBN 978-3-451-04829-6

Werner Mönch-la Dous, Gesunde Stimme, kraftvolle Sprache; LINGVA ETERNA Verlag Erlangen, ISBN 978-3-9808091-4-6

Kartensätze:

Mechthild R. von Scheurl-Defersdorf, Sprachkarten – Denkmuster aktiv wandeln, 96 farbige Karten mit Blankokarten für eigene Ideen; LINGVA ETERNA Verlag Erlangen, ISBN 978-3-9808091-3-9

Mechthild R. von Scheurl-Defersdorf, Die Kraft der Sprache, 80 farbenfrohe Karten mit alltäglichen Redewendungen; LINGVA ETERNA Verlag Erlangen, ISBN 978-3-9808091-1-5

Gudrun Klask, Die Kraft der Sprache, 40 Karten für Pädagogen und Trainer; LINGVA ETERNA Verlag Erlangen, ISBN 978-3-9811454-2-7

Thilo Scheithauer, Die Kraft der Sprache in der Wirtschaft, Spezialkartensatz mit 40 Karten; LINGVA ETERNA Verlag Erlangen, ISBN 978-3-9811454-1-0

Mechthild R. von Scheurl-Defersdorf, Die Kraft der Sprache in der Pflege, Spezialkartensatz mit 40 Karten; LINGVA ETERNA Verlag Erlangen, ISBN 978-3-9811454-0-3

Weitere Titel der Autorin

Roswitha Defersdorf, Drück mich mal ganz fest. Geschichte und Therapie eines Wahrnehmungsgestörten Kindes; Herder Verlag Freiburg, ISBN 978-3-451-04916-3

Roswitha Defersdorf, Ach, so geht das! Wie Eltern Lernstörungen begegnen können; Herder Verlag Freiburg, ISBN 978-3-451-04955-2, erhältlich bei LINGVA ETERNA

Weitere Bücher von Roswitha Defersdorf

Roswitha Defersdorf
Deutlich reden – wirksam handeln
Kindern zeigen, wie Leben geht
Band 4829
Damit Kinder ihren Weg eigenständig und erfolgreich gehen lernen, brauchen sie Eltern, die eindeutig, klar und liebevoll sind.

Roswitha Defersdorf
Drück mich mal ganz fest
Geschichte und Therapie eines wahrnehmungsgestörten Kindes
Band 4916
Daniel – ein scheinbar ganz normales Kind. Und doch ist er nicht in der Lage, Sinneseindrücke zu ordnen. Eine betroffene Mutter erzählt vom Weg der Therapie.

Roswitha Defersdorf
In der Sprache liegt die Kraft
Klar reden, besser leben
256 Seiten, Paperback
ISBN 978-3-451-29807-3
Worte sind machtvoll – im Positiven wie im Negativen. Sage ich das, was ich wirklich meine? Oder transportiere ich mit meinen Worten, meinem Satzbau und meiner Körpersprache gegenteilige Botschaften? Oder unklare? Der gesamte Alltag geht leichter von der Hand, wenn Denken, Fühlen und Handeln im Einklang sind. Roswitha Defersdorf schöpft aus langjähriger Erfahrung, die immer wieder zeigt: schon kleine, gezielte Änderungen der gewohnten Ausdrucksweise bewirken eine wohltuende Veränderung, die sofort spürbar wird. Mit vielen Beispielen, Tipps und Übungen, die Spaß machen.

Hans Jellouschek
Wie Partnerschaft gelingt – Spielregeln der Liebe
Beziehungskrisen sind Entwicklungschancen
Band 6079
Hans Jellouschek erklärt die Spielregeln, wie Partnerschaft als lebendige, kreative Beziehung auf Dauer erhalten werden kann. Ein Buch für alle, die ihr glückliches Zusammenleben sichern wollen.

Hans Jellouschek
Wenn Paare älter werden
Die Liebe neu entdecken
160 Seiten, Gebunden mit Schutzumschlag
ISBN 978-3-451-29782-3
Wie finden die Partner zur Vertiefung, Weiterentwicklung oder auch Wiederbelebung ihrer Liebe? Aus der reichen Erfahrung des bekannten, inzwischen selbst älter gewordenen Paartherapeuten.

Mathias Jung
Ich liebe dich. Nur nicht grad jetzt
Große Liebe, kleine Krisen
Band 5392
Die Liebe ist eine Baustelle. Welche Instandsetzungsarbeiten sie braucht, zeigt der erfahrene Psychotherapeut anhand von zahlreichen Beispielen.

Wolfgang Krüger
Liebe, Macht und Leidenschaft
Die Erfolgsregeln für fairen Konfliktausgleich
Band 5748
Der Autor zeigt konkret und praxisnah, nach welchen Regeln Machtspiele ablaufen, wann sie eine Gefahr für die Beziehung werden und vor allem, wie die Partnerschaft – trotz allem – gelingen kann.

Christel Petitcollin
Da mach ich nicht mehr mit!
Psychospiele durchschauen
224 Seiten, Paperback
ISBN 978-3-451-29722-9
Psychospiele sind weder lustig noch kann man dabei gewinnen. Wer die unbewussten Regeln durchschaut und die Rollen erkennt, kann diese unerfreulichen Beziehungskiller rechtzeitig vermeiden.

Friederike von Tiedemann

Die 13 Stolpersteine der Liebe

...und wie man ihnen aus dem Weg geht

Band 5845

Diesmal wird alles richtig gemacht. Aber manch ein Fallstrick liegt gerade in diesem „Richtig-machen-wollen". 13 typische Leitideen, ihre Stolpersteine und ihre Chancen. Damit Partnerschaft auf Dauer gelingt.

Bertold Ulsamer

Die wichtigsten Irrtümer zum Familienstellen

Band 5733

Ziel des Familienstellens ist es, durch Nachstellen der Familienkonstellation krankmachende Verstrickungen aufzuspüren und zu lösen – eine therapeutische Maßnahme, die neue Wege öffnet.

Bertold Ulsamer / Gabriele Ulsamer

Spielregeln des Familienlebens

Anregungen nach dem Ansatz von Bert Hellinger

Band 6044

Wie lassen sich Familien mit Kindern störungsfreier organisieren? Alle Erkenntnisse, die bislang nur nachträglich therapeutisch genutzt wurden, werden konsequent vorbeugend angewendet.

Rosmarie Welter-Enderlin

Paare – Leidenschaft und lange Weile

Die Kunst des Lebens zu zweit

Band 5983

Hier zeigt eine erfahrene Paartherapeutin, wie Paare in Krisen ihre Ressourcen und Entwicklungsmöglichkeiten gefunden haben, um ihr Leben in Glück und Zufriedenheit zu gestalten.

Gernot Zühlke

Die Kunst des Paargesprächs

So halten Sie die Beziehung lebendig

Band 5814

Paare, die das Gespräch suchen, lernen sich besser kennen und verstehen. 15 Kapitel erklären, was lebendige Gesprächskultur ist und wie jeder sie erreichen kann.